2021
最美生态护林员

中共中央宣传部宣传教育局 编

学习出版社

图书在版编目（CIP）数据

2021最美生态护林员 / 中共中央宣传部宣传教育局编.—
北京：学习出版社，2022.6
　　ISBN 978-7-5147-1154-7

　　Ⅰ．①2…　Ⅱ．①中…　Ⅲ．①林业－先进工作者－
先进事迹－中国－2021　Ⅳ．①K826.3

　　中国版本图书馆CIP数据核字(2022)第087963号

2021最美生态护林员
2021 ZUIMEI SHENGTAI HULINYUAN

中共中央宣传部宣传教育局　编

责任编辑：彭绍骏
技术编辑：胡　啸
装帧设计：美　威

出版发行：学习出版社
　　　　　北京市崇外大街11号新成文化大厦B座11层（100062）
　　　　　010-66063020　010-66061634　010-66061646
网　　址：http://www.xuexiph.cn
经　　销：新华书店
印　　刷：北京新华印刷有限公司

开　　本：710毫米×1000毫米　1/16
印　　张：13.75
字　　数：154千字
版次印次：2022年6月第1版　2022年6月第1次印刷

书　　号：ISBN 978-7-5147-1154-7
定　　价：45.00元

如有印装错误请与本社联系调换，电话：010-67081356

前　言

2021 年 4 月，中央宣传部、国家林业和草原局、财政部、国家乡村振兴局发布了"最美生态护林员"。他们是：吉林省汪清县汪清镇沙北村王明海、甘肃省天祝藏族自治县安远镇柳树沟村朱生玉、西藏自治区芒康县曲孜卡乡小昌都村多贡、河南省新县泗店乡邹河村孙绍兵、湖北省五峰土家族自治县五峰镇水泥司村陈刚、贵州省湄潭县鱼泉街道办事处土塘村陈力之、新疆维吾尔自治区于田县先拜巴扎镇乔克拉村麦麦提·麦提图隼、安徽省岳西县古坊乡上坊村汪咏生、云南省贡山独龙族怒族自治县独龙江乡迪政当村李玉花、湖南省汝城县大坪镇九龙瑶族村吴树养、山西省平陆县洪池乡南王村岳定国、内蒙古自治区突泉县六户镇和胜村庞金龙、陕西省商南县过风楼镇八里坡村陶久林、青海省互助土族自治县松多乡松多村贾尼玛、河北省阜平县天生桥镇龙王庙村高玉忠、宁夏回族自治区彭阳县白阳镇嶙岘村海明贵、重庆市城口县明中乡云燕村黄永健、江西省遂川县五斗江乡庄坑口村蓝先华、黑龙江省青冈县民政镇有利村曾玉梅、广西壮族自治区龙胜各族自治县三门镇大地村谭周林。

20名来自基层一线的"最美生态护林员"是打赢脱贫攻坚战中涌现出的先进典型，是习近平生态文明思想的坚定信仰者、忠实践行者和不懈奋斗者。他们积极响应国家号召，长期坚守在护林护草护沙工作一线，以山为家、以林为伴，吃苦耐劳、忠诚履职，献身祖国生态保护事业；他们在脱贫攻坚一线扛重活、打硬仗，在平凡的岗位上作出了不平凡的业绩，走出了一条生态补偿扶贫的新路子，实现了生态保护和脱贫增收双赢。

为深入学习贯彻习近平生态文明思想和习近平总书记关于扶贫工作重要论述精神，大力弘扬绿水青山就是金山银山理念，生动讲好百万生态护林员保护生态、脱贫增收的感人故事和奉献精神，我们组织编写了本书，旨在激励广大生态护林员以"最美人物"先进典型为榜样，不忘初心、牢记使命，守护好绿水青山，为建设美丽中国作出新的更大的贡献。

曾玉梅

谭周林

视频·链接

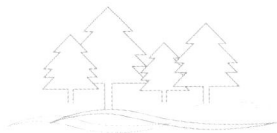

人不负青山　青山定不负人

——最美生态护林员群像扫描（上）

◎ 顾仲阳　常　钦

近日，中央宣传部、国家林业和草原局、财政部、国家乡村振兴局遴选出王明海等 20 人为最美生态护林员。

习近平总书记指出，人不负青山，青山定不负人。绿水青山既是自然财富，又是经济财富。

党的十八大以来，我国从中西部 22 个省份有劳动能力的建档立卡贫困人口中选聘了 110.2 万名生态护林员，走出了一条生态补偿脱贫的新路子，实现了生态保护和脱贫增收"双赢"。20 位最美生态护林员，是他们中的典型代表。他们不甘贫困，积极响应国家号召，努力奋斗，尽忠职守，在生态保护一线扛重活、打硬仗，做出了不凡业绩；他们用情用心用力做脱贫攻坚的先行者和带头人，赢得了人民群众的广泛赞誉。

一人就业，全家脱贫——
"这份工作撑起了这个家，咱得好好干"

"马上就是清明节了，正是春季防火高峰期，不能有丝毫懈怠。"早上6点不到，王明海穿上迷彩服和巡护马甲，戴好生态护林员卡和红袖标，骑上电动三轮车，开始了一天的巡护工作。晚上7点，天色已黑，他才返回家中。

王明海是吉林省汪清县汪清镇沙北村村民，他非常珍惜护林员这份工作。2019年4月，他骑车上管区途中和迎面驶来的车辆碰撞，肋部软骨受伤。镇林业站站长嘱咐他在家好好休养，可刚过两天，他就正常"上班"了。

"这份工作撑起了这个家，咱得好好干！"这句话王明海经常挂在嘴边。由于妻子患重病，医药费掏空了单薄的家底，王明海自己也常年受高血压、风湿病困扰，因病致贫。"自从当上了生态护林员，我每年有1万元的稳定收入，再加上种地收入，我家脱贫稳稳的。"现在，王明海一家住进了两室一厅的楼房，家里还买了电视机和冰箱，日子过得有滋有味。

生态护林员这份工作，不仅让山西省平陆县洪池乡南王村的岳定国脱了贫，还让乡亲们都对他竖起大拇指夸赞："自从当了护林员，定国真是大变样！"

岳定国曾一度对生活失去了信心。妻子罹患食道癌，医治中欠下外债后撒手人寰，留下3个孩子，其中两个还在上学。"那时真感觉就像天塌下来一样，这穷窟窿啥时才能填上啊？"岳定国两个月不出家门，乡亲们都替他捏把汗。

2016年11月，岳定国被纳入建档立卡贫困户，当年年底被聘为乡里的生态护林员。每年1万元的稳定收入让岳定国重新燃起生活的希望，他振作起来，每天巡山护林，GPS巡护平台考核达标率达到100%。

岳定国重新拾起了家里的农活，利用护林员工资购置化肥，种起了苹果，2020年全家收入达8万多元，不仅脱了贫还致了富。"如果没有生态护林员这份工作，就没有现在的我。"岳定国感激地说。

一人就业，全家脱贫。110多万名生态护林员上岗，通过护林看草、家门口就业，精准带动300多万贫困人口脱贫增收，实现了"生态补偿脱贫一批"。

保了生态，富了口袋——
"越来越多的村民靠山吃山，越吃越香"

"护林员工资让我脱了贫，发展产业让我致了富。"云南省贡山独龙族怒族自治县生态护林员李玉花护林之余，利用产业扶贫政策，种起了草果、黄精、重楼、茶叶、葛根，还养起了蜜蜂，2020年收入超过10万元。

大家富，才算富。2018年在全村率先脱贫后，李玉花发动乡亲们学习种中草药、养蜂等技术。在产蜜季节，她还邀请有养蜂意愿的村民全程参与割蜜、过滤、出售等环节，带动多户村民开启"甜蜜产业"。"越来越多的村民靠山吃山，越吃越香。"李玉花说。

"这片山林就是一个'绿色银行'。"贵州省湄潭县鱼泉街道办事处土塘村生态护林员陈力之,在守护好林子的同时,带头发展起林下种菌、林下养鸡等林下经济,还牵头成立了贵州力之孵化有限责任公司,带动乡亲们一起发展家禽养殖,带动3户脱贫户稳定就业。

"我们两口子一起上下班,打工顾家两不误。"张政超、吴忠生夫妇是孵化公司员工,每年两万多元的工资让一家人的日子过得有滋有味。下一步,陈力之打算继续壮大林下经济,"带领更多乡亲一起护好绿水青山,做大脱贫靠山"。

技术在手,脱贫致富不愁。核桃是重庆市城口县明中乡的脱贫主导产业,过去由于缺乏管理,产量不高。云燕村生态护林员黄永健是个有心人,他在做好护林工作的同时,学习掌握了核桃种植管理技术,每年组织10多次技术培训,指导乡亲们对退耕还林的核桃树进行病虫害监测防治、修枝整形、剪枝嫁接。在他的带动下,乡里的核桃产量、品质实现了双提升。"多亏了老黄的指导,现在我也成了'明白人',去年核桃大丰收,收入上万元!"脱贫户杨安国高兴地说。

护林看草不仅让生态护林员脱贫致富,也让他们找到了一个可以发光发热的平台。一批批生态护林员成了技术能手、致富带头人,在他们的示范引领下,生态产业蓬勃发展,越来越多的脱贫群众在护好绿水青山的同时鼓起了口袋。

做树的"代言人"、山的"活地图"——
"护林让我脱了贫,我要让大山更绿"

翻开河南省新县泗店乡最美生态护林员孙绍兵的巡护日记,哪里的树被风刮倒、哪里的桥涵被水冲坏、哪里的树发现了病虫害,都记得清清楚楚。管护区内的每条山路上、每片山林里都留下了他的足迹。村民们说:"他是树的'代言人'、山的'活地图'。"

"当了大半辈子农民,只顾管好自家的一亩三分地,现在当了生态护林员,我要负责全村的森林安全,担子不轻啊!"孙绍兵告诉记者,不久前在巡山途中他发现两名外地人在山中休息、抽烟,上前询问,得知他们是想挖几棵兰草花回家种养。

孙绍兵一点不含糊,上前劝阻:"我是乡里的护林员,政府严禁乱挖乱采花草树木,而且你们还在山中抽烟,稍不留神就会引发火灾。"两人听了孙绍兵义正词严的劝诫,下山离开了。"虽然我能力有限,但政府聘我当生态护林员,就是对我的一种信任,我当然要尽自己的责任。"孙绍兵说。

挖坑、种苗、回填……眼下,正是春季造林时节,江西省遂川县五斗江乡庄坑口村生态护林员蓝先华带着造林小分队成员忙个不停。

"护林让我脱了贫,我要让大山更绿。"头脑活络的蓝先华积极与村里的龙泉林场五斗江分场对接,接下了林场2000多亩林地的造林抚育工作,平日管护、芟杂,冬春季植树增绿。为完成好林场的造林管护任务,蓝先华组建起了一支以脱贫户为主的12人造林小分队,2019年他们造林267亩,2020年造林459亩。

没有豪言壮语,也没有惊人壮举,生态护林员们默默地用日复一日的工作,管护着近9亿亩林草资源。人不负青山,青山定不负人。护林工作让他们摆脱贫困,他们把感恩和汗水,都回报给这一片片绿水青山……

《人民日报》2021年3月31日

让自己的身影成为亮丽风景

——最美生态护林员群像扫描（下）

◎ 顾仲阳　常　钦

　　绿水青山见证了他们的尽忠职守，脱贫攻坚路上留下了他们的奋斗身影。全国110.2万名生态护林员积极响应国家号召，守护祖国的绿水青山，成为脱贫攻坚的先行者和带头人。

　　脱贫摘帽不是终点，而是新生活、新奋斗的起点。今天的生态护林员们干劲更足，护生态、强产业，巩固拓展脱贫攻坚成果，积极投身乡村振兴，大步奔向更加美好的新生活。

　　为了大力弘扬生态护林员的奉献精神，中央宣传部、国家林业和草原局、财政部、国家乡村振兴局向全社会公开发布最美生态护林员的先进事迹。

"绿水青山是乡亲们的致富靠山，脱了贫更要管护好它"

　　清明时节临近，做好森林防火尤为关键。连日来，甘肃省天祝藏族自治县安远镇柳树沟村生态护林员朱生玉，背着干粮整天在管护区内巡护蹲守。

在柳树沟村，提起朱生玉，乡亲们都会竖起大拇指。他对工作认真负责，挨家挨户上门，面对面宣传防火知识，自己写标语、立警示牌，告诫群众不要带火种进山入林。3年多来，他所管护的责任区，从没发生过森林火灾，也没出现过乱砍滥伐的情况。

前不久，有亲戚邀请他外出务工，收入比当生态护林员高好几倍。"绿水青山是乡亲们的致富靠山，脱了贫更要管护好它。这里的一沟一壑、一草一木，没人比我更熟。"朱生玉婉拒了亲戚的好意，巡山护林干得更起劲了。

麦麦提·麦提图隼是新疆维吾尔自治区于田县先拜巴扎镇乔克拉村的生态护林员。2021年，村里还要继续造林增绿，乡亲们种下的红枣、核桃需要加强管理、提高品质。"作为生态护林员，我得带好这个头。"麦麦提·麦提图隼说。

学好才能干好。在村里，麦麦提·麦提图隼爱学习、勤钻研是出了名的。2018年被选聘为生态护林员之前，他对林业知识、林果管理技术知之甚少。为了补上短板，他跑图书馆找书看；哪里有培训班，就追着去哪里听；还利用自家的5亩核桃园进行实践，核桃亩产由五六十公斤提高到2020年的200公斤。现在，乡亲们都称麦麦提·麦提图隼为"土专家"。

"脱了贫摘了帽，好日子这才刚刚开始呢，还得好好干。"麦麦提·麦提图隼说，种林果保生态又富口袋，乡亲们一起努力，乔克拉村一定能成为瓜果飘香、生活富裕的好地方。

以山为家、以林为伴，爱绿护绿让最美生态护林员们摆脱了贫困。眼下，他们干劲更足，发展动力更强，更加精心地呵护绿水青山，更加坚毅地探寻生态致富路。

"脱了贫，还要致富，发展生态产业大有可为"

摘帽不返贫，才是真脱贫。巩固拓展脱贫攻坚成果，归根到底还得靠高质量的产业。

大别山区腹地，春耕备耕正忙。安徽省岳西县古坊乡上坊村，生态护林员汪咏生正忙着为水稻育秧做准备。

好生态出好产品。看着村里的环境越来越好，2018 年，汪咏生牵头成立了生态稻米种植合作社，带动 120 户农户抱团发展，2020 年户均增收 3000 多元。如今，乡亲们顺利脱贫。汪咏生觉得，作为一名老党员，自己不仅要当脱贫攻坚的先锋，还要当好共同致富的领头雁。2021 年汪咏生在邻村筹备成立了第二个生态稻米合作社，打算带动更多乡亲增收。合作社生产的生态大米每斤比普通大米贵两元多。最近，汪咏生忙着为稻米绿色认证做准备，到时候米价说不定还能往上蹿一截。

青山连绵，林海莽莽。"脱了贫，还要致富，发展生态产业大有可为。"巡防之余，湖南省汝城县大坪镇九龙瑶族村生态护林员吴树养种了 10 多亩白毛茶，茶园里还养蜂，养土鸡土鸭。自己富起来以后，吴树养没有忘记帮助乡亲们解决技术、销售难题。

眼下正是春茶采摘期，吴树养高价收购村民的茶青，还帮村民代售茶叶。每当茶农遇到技术问题来向他请教，他都毫不保留地将技术传授给大家。谈起未来，吴树养信心满满，下一步他准备协助村里为白毛茶申请农业文化遗产，做大做强茶产业，依托九龙江国家森林公园发展乡村旅游，带动更多村民增收。

"全面推进乡村振兴，我们生态护林员责无旁贷"

脱贫攻坚取得胜利后，全面推进乡村振兴，这是"三农"工作重心的历史性转移。

乡村生态振兴，最美生态护林员们成了生力军。"保护生态是我们的本职工作，当然要做好。但这还不够，必须发动广大村民积极参与。"广西壮族自治区龙胜各族自治县三门镇大地村生态护林员谭周林，俨然成了村里的生态文明"宣传大使"，走到哪里都把生态保护挂在嘴边。"现在乡亲们的生态保护意识明显强了，乡风更文明了，我的工作也好做多了。"谭周林说，现在有村民想在自家山林里砍两棵树用来装修，都知道要先去申请采伐许可证。

乡村要振兴，生态宜居是关键。在龙胜，生态护林员成了人居环境整治的积极推动者。最近，谭周林和村委会成员一起挨家挨户上门，动员、协助村民清运垃圾、清理污水塘沟、清洁养殖圈舍。谭周林说："建设美丽家园，要大家一起动手，全面推进乡村振兴，我们生态护林员责无旁贷。"

贵州省湄潭县鱼泉街道办事处土塘村生态护林员陈力之是个"90后"，他成立了一家公司，最近正在申请商标。"等商标注册下来，还要接着开网店，拓宽销售渠道，让村里的山货卖到全国各地，带富更多乡亲。我们这里满山遍野都是生态茶园，发展茶园经济很有优势。"陈力之说。

　　春意渐浓，最美生态护林员们忙着巡山护林，让自己的身影成为绿水青山间的亮丽风景，也融入徐徐展开的乡村振兴壮美图景中。

《人民日报》2021 年 4 月 1 日

绿水青山间，
他们绽放最美人生

——"最美生态护林员"群像扫描（上）

◎李占轶　胡　璐

日复一日，年复一年。山路崎岖，身影却坚毅。他们积极响应国家号召，尽忠职守呵护着祖国的绿水青山，也成为行走在绿水青山间的"最美"风景。

为了大力弘扬百万生态护林员保护生态、脱贫增收的奉献精神，中央宣传部、国家林业和草原局、财政部、国家乡村振兴局向全社会公开发布"最美生态护林员"的先进事迹。

大山深处，用坚守诠释爱绿护绿的担当

清晨，头戴一顶泛黄的羊毛帽、脚蹬一双老胶鞋、背上一包糌粑和一个铝水壶，52 岁的贾尼玛唱着民歌走进了大山深处。自 2017 年成为青海省海东市互助土族自治县松多乡松多村的一名生态护林

员起，他风餐露宿、无怨无悔。

松多林区海拔最高 4265 米，道路崎岖，条件艰苦，贾尼玛却主动请缨守护。"这山可是我们的生命线呀，别人不去，我去！"

冬天的山路不好走，巡护到晚上，贾尼玛只能借宿在村民盖在山腰上的羊圈房里。"里面除了一张炕也没有其他东西，吃上一口糌粑，就睡下了。"贾尼玛说。

一次，贾尼玛和同事巡护时差点摔下石崖，同行的护林员眼疾手快拉住他才化险为夷。可第二天他迈进大山的步伐依然坚定。

曾玉梅每天徒步 40 多公里，穿行在黑龙江省青冈县民政镇的 820 亩林地间。守护林子 3 年来，她的责任区内未发生过一起盗伐等破坏森林资源现象。

一开始，由于缺乏林木管护专业知识，加上对林地情况不熟悉，曾玉梅走了不少"弯路"。幽深的山路看不到尽头，但她凭着坚定执着的信念，坚持每天巡林，很快就成了护林的行家里手。

甘肃省天祝藏族自治县安远镇柳树沟村生态护林员朱生玉，负责守护小柳树沟 900 多亩林地。林区的一沟一壑都有他的足迹，他被村民们称为林区的"活地图"。

平凡岗位，闪耀别样光彩

"当了生态护林员以后，定国特别认真负责。"村里人说起的，正是山西省平陆县洪池乡南王村的生态护林员岳定国。

被聘为生态护林员后，53 岁的岳定国深知肩上的担子重，不论是穿梭在山林，还是走村串户宣讲，都始终怀揣着强烈的责任心。

他所负责的管护区，没有牛羊啃食的痕迹，也没有百姓采药的身影。

"千万不能在外边点火、放鞭炮啊。"走在路上，吴树养只要遇到村民都不忘这么叮嘱一句。

这名来自湖南省郴州市汝城县大坪镇九龙瑶族村的生态护林员，每天都会宣讲政策。天还没亮，他就拿上喇叭，骑着摩托车沿着山路喊话宣传。当阳光洒满山林，他已经走遍了几个村。

遇到村民家办丧事，他就反复劝告村民焚烧纸钱燃放鞭炮要远离林区，还会守在现场，直到丧事办完，不留一丝隐患。

一丝不苟的还有湖北省五峰土家族自治县五峰镇水浕司村生态护林员陈刚。一次日常巡护中，他发现有疑似松材线虫病枯死松树，迅速组织护林员对全村天然林开展地毯式排查，及时遏制了虫病蔓延。

既要保护好山林，也要在群众心里播撒保护生态的种子。在他的带动下，越来越多的村民自发植树。村公路沿线两旁、农户庭前房后早已种满了树木，成了一道风景。

脚踏实地，任劳任怨却始终如一

"我就是'啄木鸟'，保护森林就是我的使命。"

说这话的麦麦提·麦提图隼，是新疆维吾尔自治区于田县先拜巴扎镇乔克拉村的一名生态护林员。

一年 365 天，无论寒暑，麦麦提·麦提图隼每天都会带领全镇 144 名护林人员开展工作。漫漫巡护路，他不知走了多少遍。在他的管护下，500 亩林木从未发生森林火灾、有害生物危害。

但凡有空闲时间，他就向人请教、自学知识，掌握了不少林业管理知识和技能，成为人人称赞的"土专家"。

内蒙古自治区兴安盟突泉县六户镇和胜村的生态护林员庞金龙同样执着而坚定。当地禁牧区域多，他在宣传政策的同时紧盯禁牧区域，仅 2017 年就及时劝阻放牧活动 70 多次。2018 年的一天，庞金龙发现一处垃圾场起火，他在火场坚守了一天，确保火情不再反复。

在庞金龙的带领下，和胜村护林员队伍会巡护、能扑火，成为当地最得力的护林扑火队伍。

累了就在山坡席地而坐，饿了就吃随身带的糌粑。西藏自治区昌都市芒康县曲孜卡乡小昌都村生态护林员多贡，早已习惯了这样的生活。"国家给了我这个岗位，保护自己的家，我怎么能不竭尽全力呢？"多贡说。

"你天天上山，当心砍树的人都记住你。"多贡的妻子这样劝过他。"记住我才好，如果我的名字能吓住砍树的更好。"多贡制止过不少违法行为。一个冬日的夜晚，他到山上转悠，听到窸窸窣窣的声音，他立刻叫上其他护林员一起去大声喝止。偷伐树木的人听到后连工具都没拿就跑了。

"当上护林员，注定要多跑路、多吃苦、多流汗。"多贡说，但每天看着郁郁葱葱的山林，心里才觉得踏实。

新华社北京 2021 年 3 月 30 日电

以山为家，以林为伴

——"最美生态护林员"群像扫描（下）

◎ 赵珮然　黄　垚

有这样一群人，常年与毒蛇猛兽为伍，丛林鸟语为伴，无论是高山峡谷，还是逶迤雪山都有他们的身影。

他们是生态护林员。中央宣传部、国家林业和草原局、财政部、国家乡村振兴局向全社会公开发布的"最美生态护林员"先进事迹，展现了一个个在平凡岗位上，用责任担当践行绿水青山就是金山银山理念的生动故事。

山间"彩虹"为谁来

朝阳初升，独龙江峡谷千峰竞秀。树影婆娑间，一道"彩虹"格外显眼——生态护林员李玉花和同伴一早就钻进了高黎贡山的茫茫林海中。

这位爱美的独龙族姑娘时常穿着彩虹般绚丽的民族服饰去巡山，

被当地群众亲切唤作"彩虹护林员"。

她所在的云南省怒江傈僳族自治州贡山县独龙江乡地处我国西南边陲，森林覆盖率高达 93.10%，已发现高等植物 1000 多种、野生动物 1151 种，是名副其实的"生物多样性宝库"。

按时巡山、走访宣传、森林防火……担任护林员 5 年来，她在工作岗位上认真细致地守护着这座"宝库"。"现在砍树、盗猎现象基本看不见了，上山遇到羚牛、戴帽叶猴这些保护动物的次数倒是多了。"李玉花满脸自豪。

陈力之的"宝库"是 1 万多亩公益林区。他是贵州省湄潭县鱼泉街道办事处土塘村的生态护林员。进山见到焚烧秸秆的村民，他一遍又一遍地讲解护林政策；碰上有人在林中捕猎珍稀鸟类，他顾不上自身安危上前震慑……

"看好这片山，等于守护着一个绿色银行。"陈力之说，今后的目标就是把林子看好，把林下经济搞好，做强产业，吸引在外打工的年轻人回乡就业。

近日，河南省新县泗店乡接连降雨，生态护林员孙绍兵每天依旧早出晚归。面对妻子的埋怨，他说："越是天气恶劣，越是犯罪分子盗伐林木、偷拉私运和乱捕滥猎猖獗的时候，越是要加强巡护，决不能让犯罪分子有可乘之机。"

被聘任为生态护林员，孙绍兵深感肩负使命，责任如山。他一边熟悉政策法规、野生动植物保护、病虫害防治等业务知识，一边从宣传入手，张贴标语、竖立标牌、走家串户，不断向村民宣传林业政策和法律法规。

做脱贫攻坚的先行者和带头人

"十三五"时期，全国林草部门从建档立卡贫困人口中选聘110.2万名生态护林员，带动300多万贫困人口脱贫增收，新增林草资源管护面积近9亿亩，有效保护了森林、草原、湿地、沙地等林草资源，实现了生态保护和脱贫增收双赢。

成为生态护林员前，重庆市城口县明中乡云燕村黄永健一家5口靠种洋芋、中药材和打零工维持生计，日子过得紧巴巴。

"村里看我家比较困难，又经常出入山林种药材，就鼓励我去当生态护林员。"黄永健说，"当上护林员后，扛起了责任也多了份稳定收入，一家人终于摆脱贫困。"

核桃是明中乡脱贫致富的重要产业，种植近2万亩。巡山护林外，他还主动学习了核桃病虫害防治技术，指导村民对退耕还林的核桃树进行病虫害监测防治、修枝整形等。如今，村里人都夸他不仅是护林员、技术员，还是致富带头人。

对自然的呵护总会获得馈赠。陕西省商南县过风楼镇八里坡村生态护林员陶久林每月平均巡山23天以上，他的责任区没有发生过任何破坏森林资源的行为，林区资源也越来越好。

陶久林还带领当地群众积极发展香菇种植，义务进行技术指导，对接市场信息，带动村里一大批贫困群众实现了增收脱贫。

江西省遂川县五斗江乡庄坑口村生态护林员蓝先华也找到了增收途径——他组建起一个以贫困户为主的团队，接下2000多亩林地的造林抚育工作。

蓝先华说："前两年乡政府给我们发了黄桃苗，家里的 6 亩荒山种了黄桃，去年巡山、造林、卖桃的钱加在一起，一共收入五六万元嘞！"

防微杜渐，容不得半点松懈

担任生态护林员以来，无论是辖区内的零星火点，还是周边辖区的应急调度，只要有火情，汪咏生总能第一时间赶赴现场抢险救灾。严寒酷暑他坚守阵地，逢年过节和家人聚少离多。

"护林员关键要把'防'放在第一位，防好了，森林就安全了。"这是安徽省岳西县古坊乡上坊村生态护林员汪咏生时常挂在嘴边的话。

生态护林员王明海巡山途中，发现山上有车轮轧过的痕迹，顺着痕迹一路追到破坏植被的人，立刻制止，并及时上报了林业主管部门。

家住吉林省汪清县汪清镇沙北村的王明海，管护着 660 亩集体林。3 年多来，王明海处置了 20 多起火灾隐患、制止挖沙破坏植被行为 6 次、制止多起盗伐林木和非法开垦等行为，责任区内未发生过一起破坏森林案件。

护林防火、人人有责，这是护林人的铮铮誓言。河北省阜平县天生桥镇龙王庙村生态护林员高玉忠每到森林防火期，都在进山路口设立防火检查值班点，严格落实入山登记制度和各项防范措施；宁夏回族自治区固原市彭阳县白阳镇崾岘村生态护林员海明贵走遍了村里每一户人家，上门宣传森林防火政策，跑遍了每个山头、每条小沟，不放过任何一处细小的隐患点……

"爬山倒不觉得难，最难的是让村民转变观念共同保护大山，消除林区隐患。"广西壮族自治区龙胜各族自治县三门镇大地村生态护林员谭周林是村民眼中的生态保护"政策通"，每逢寨子有宴席、会议，他便借机用通俗易懂的语言和事例，向村民宣传森林保护知识，时不时把一些案例和法规发到朋友圈。

"我们村紧挨花坪国家级自然保护区，珍稀动植物很多。"谭周林说，"要兼顾森林防火和动植物保护就得漫山遍野跑，不能有半点松懈。"

新华社北京 2021 年 3 月 31 日电

为了山林间的那一抹绿

——"最美生态护林员"用真情守护绿水青山

◎ 李 慧

一部手机、一把铁锹、一双耐磨的胶鞋、一份干粮，常年与青山为伴，在森林里穿梭，守护着每一棵树木，捍卫着绿色家园……这是成千上万生态护林员的日常工作。他们每年 2/3 以上的时间都给了山林，24 小时值班随时待命，用责任和坚守让"天更蓝、水更清、山更绿"。

中央宣传部、国家林业和草原局、财政部、国家乡村振兴局联合开展"最美生态护林员"学习宣传活动。让我们走近他们，从感人的故事和朴实的话语中感受"最美生态护林员"的初心和梦想。

林区"活地图"——
"既然当上护林员，就必须当好守护者"

地处罗霄山脉和南岭山脉交界处的湖南省郴州市汝城县九龙瑶

族村，是"最美生态护林员"吴树养的居住地。

一身迷彩服、一双解放鞋，外加红袖章和挂着的小喇叭，是吴树养常年的行头。防火季，他每天早上6点骑着摩托车出发，在一眼望不到边的山头和村庄间穿梭奔忙，一条条巷道贴标语，一遍遍到户发资料，一步步攀爬山岭瞭望，一户户规劝秸秆禁烧。他每天跋山涉水路途不少于50里，每年磨破底子的解放鞋有10多双。3年里他跑遍了所在林区的沟沟坎坎，对每一片山梁、林地，以及林班、小班的位置、面积、林木资源、地形地貌都了如指掌。村民都说，他是林区"活地图"。

吉林省汪清县汪清镇沙北村生态护林员王明海管护着临近汪清县城的660亩山林。每年春秋两季是森林防火关键时期，王明海一日不休，每天从早上6点巡山到天黑。

清明节前后是火灾高发期，王明海凌晨3点就要出门，经常一直忙到晚上。寒冬时节，在零下二三十摄氏度的气温中，他长时间在山间巡护，手脚冻得发麻。当别人问他辛苦不辛苦时，他回答说："既然当上护林员，就必须当好守护者。虽然我能力有限，但能为保护森林作点贡献也就不觉得苦了。"

2019年4月，王明海巡护途中发生车祸，肋部软骨受伤。林业站站长嘱咐他在家好好休养。刚过两天，他就跑到山里。面对同事担心的问候，他说："我已经没事了，只有到林区来转一下才觉得踏实"。

广西龙胜各族自治县三门镇大地村毗邻花坪国家级自然保护区，这里保护动物和树木品种繁多，要兼顾森林防火检查和野生动物保护工作就得走遍山林，不能有半点松懈。

每次去巡山，生态护林员谭周林都必须全副武装：背上刀篓、装上一把镰刀、肩挎水壶，骑着摩托车进山林。有时山上没有路，就不得不用镰刀"开路"。

多年的巡查经验让谭周林意识到，光靠巡山还不够，必须要提高村民的生态保护意识，才能让家乡的生态得到保护。

谭周林走到哪里都把环境保护知识挂在嘴边——他所在的村民小组有 20 多户，他家家户户都走了个遍；每逢村上摆酒宴，他也不忘跟村民们聊环境保护。村民们遇到砍伐树木或种植树苗的事都来找他询问，他成了村里的"生态通"。

森林"啄木鸟"—— "防好了，森林就安全了"

在安徽省岳西县古坊乡上坊村，人们经常看到生态护林员汪咏生的身影。在林区、在堤坝、在检查哨卡、在救火现场，他常年忙碌着。汪咏生说："护林员关键要把防放在第一位，防好了，森林就安全了。"

几年来，无论是辖区内的零星火点，还是周边辖区的应急调度，只要有火情，汪咏生总能第一时间赶赴现场抢险。非洲猪瘟和新冠肺炎疫情暴发以来，汪咏生冲在疫情防控第一线，主动请缨带人日夜值守连续数月，确保上坊村"零疫情"。

新疆维吾尔自治区于田县先拜巴扎镇乔克拉村生态护林员麦麦提·麦提图隼把自己视为森林"啄木鸟"。无论是刮风下雨还是烈日炎炎，麦麦提·麦提图隼都会带领全镇护林人员开展巡逻、修剪、病虫害防治，每次巡护都要行走几十公里路，午餐只带些馕和水。在他的管护下，管护区500亩林木管护质量更高，从未发生森林火灾、有害生物危害等情况。

日复一日，年复一年，湖北省五峰土家族自治县五峰镇水泥司村生态护林员陈刚始终坚守在巡山护林一线。陈刚管护辖区内有5000余亩山林，一次日常巡护中，他发现有疑似松材线虫病枯死松树，立即向林业管理站报告，并迅速组织护林员对全村44286亩天然林进行地毯式排查并上报，为全县防治松材线虫病提供了第一手翔实资料，有效遏制了松材线虫病的蔓延。

致富带头人——
"一人富不算富，要带动更多的老百姓一起致富"

一人护林，全家脱贫。作为打赢脱贫攻坚战一项重要制度设计，生态护林员制度让有劳动能力的贫困人口在家门口收获了就业"铁饭碗"。一个又一个生态护林员成为乡村致富"领头雁"，用新理念引领着越来越多的百姓增收致富。

护林巡山闲暇时，贵州省湄潭县鱼泉街道土塘村生态护林员陈力之常常琢磨怎样才能带领百姓脱贫致富。

"村里要办公益事业，群众要真正脱贫，还得做好'靠山吃山'的文章。"他一边护林巡山，一边谋划着更好的发展门路。

2019年10月，陈力之成立了贵州力之之孵化有限责任公司，自学鸡苗、鸭苗、鹅苗孵化技术，供应给村民们发展林下养殖，多余的家禽苗还供往安顺、毕节、仁怀等地，目前已孵化育苗3万余羽，月平均纯收入超过 5000 元。

"现在的政策这么好，大家日子也越过越红火，今后的日子让我们更有奔头。"陈力之深有感触地说。

重庆市城口县明中乡云燕村生态护林员黄永健当选护林员前，一家人靠种苞谷、洋芋、中药材和打零工维持生计。当选上生态护林员后，多了一份稳定收入，5 口人的家庭生活有了保障。

为发展特色核桃产业，黄永健主动学习核桃病虫害防治技术，每天除了巡山护林外，积极指导村里老百姓对退耕还林的核桃树进行病虫害监测防治、修枝整形等。他带领村里其他护林员一起守护山林，并用实际行动将党和政府的富民政策植入百姓心田。

"一人富不算富，要带动更多的老百姓一起致富。"黄永健说。如今，村民们都夸他不仅是护林员、技术员，还是老百姓的致富带头人。

生态护林员李玉花的家在云南省怒江傈僳族自治州贡山县独龙江乡迪政当村。虽然拥有丰富的自然资源，她的家乡怒江州却是云南农村贫困面最大、贫困程度最深的地区。

因为贫穷，李玉花只读到小学二年级就被迫辍学。结婚后，她要照顾年迈的父母和读小学的两个孩子，全家 5 口人只能靠务农和丈夫外出打零工的收入维持生活，人均年收入不足 2000 元，生活十分贫困。

2017 年，独龙江乡从全乡 195 户建档立卡贫困户中每户选聘 1 人为生态护林员，李玉花就因此而受益。

除巡山护林外，在当地农林部门的扶持下，李玉花家种植了草果、黄精、重楼、茶叶、葛根等 12 亩作物；她还学会了养蜂，加上每月 800 元的护林员补助及各项惠民补贴，家庭人均年收入从 2000 元增加到 8000 余元。

2018 年，李玉花家在全村率先脱贫。此后，李玉花发动更多村民学习草果、黄精、葛根、重楼、茶苗、养蜂等种养技术，带动更多农户脱贫致富。

《光明日报》2021 年 3 月 31 日

最美生态护林员

王明海

ZUIMEI
SHENGTAI
HULINYUAN

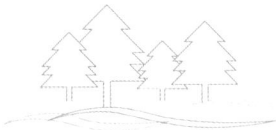

王明海：守护绿水青山的
脱贫人

    吉林省汪清县地处长白山腹地，是东北虎豹国家公园的核心区之一。在脱贫路上，汪清县"生态护林员"群体成功转为"森林卫士"。

    王明海是"生态护林员"群体的优秀代表，他是汪清县汪清镇沙北村村民，1956年出生，由于妻子常年患有肺癌，医药费掏空了家底。后来妻子去世，女儿出嫁，儿子外出打工，王明海靠种地维持生活。近年来他常受高血压、风湿病的困扰，医药费又占据了家庭大部分支出，生活十分困难。

    2017年他被选聘为镇里的第一批生态护林员，管护660亩集体林。每天一大早，他便穿上迷彩服和巡护马甲，戴上生态护林员卡和红袖标，检查了三轮电动车里的铁锹、镰刀等工具，开始一天的巡护工作。在一次巡山过程中，王明海发现山上的农道有刚刚被车轮轧过的痕迹，他便顺着车轮的痕迹追寻，最终他发现一个人开着钩机到山里来取土，正要破坏植被，他不顾个人安危立刻上前制止，并及时上报林业部门，有效保护了生态环境。

2019年4月，他骑车上管区途中和迎面驶来的车辆发生了碰撞，导致他的肋部软骨受伤。林业站站长嘱咐他在家好好休养，可刚过两天，他又"上班"了。别人问他没好怎么就来了，他说："我已经没事了，只有到管区来转一下才觉得踏实。"

每月巡护至少20天，每天巡护一二十公里，风雨无阻。在春秋两季半年时间里他更是一日不休。在防火期每天6点巡山到天黑，尤其是清明节祭祀的人多，早上四五点就要出门。2019年春节来临之际，按照防火要求防火期已经结束了，但汪清地区冬季没有下雪，而当地还有春节上坟烧纸的习俗，所以大年三十王明海都没有休息，在管区内向上坟的人们宣传防火知识，避免了火险发生的可能。

王明海被聘为生态护林已经36个月了，当别人问起他有没有觉得辛苦时，他说："说不辛苦那是骗人的话，但我既然当起了护林

◆ 王明海在林区踏雪巡逻

员，就必须尽好本分。虽然我能力有限，但能为保护森林和生态建设作一点贡献也就不觉得辛苦了。"

王明海成为生态护林员 3 年多来，工作一丝不苟，处置了 20 多起火灾隐患，制止私自到浅山区挖沙破坏植被的行为 6 起，还制止了多起盗伐林木、非法开垦等行为。在他任职以来，责任区内未发生过一起森林火灾和滥砍盗伐林木、乱捕滥猎野生动物等破坏森林案件。

他自豪地说："自从当上生态护林员，我每天按时上下班，到月底财政所按时给我拨付工资，我也成为'林业人'了！我每年有 1 万元的工资稳定收入，再加上种地收入 5000 元左右，儿女再给点，日子比以前好多了，现在我已脱贫，我对奔小康充满了信心。"

汪清县从 2016 年开始实施生态护林员扶贫政策，到 2020 年生态护林员实际在岗人数已达到 2090 名，像王明海一样尽职尽责的生态护林员还有很多很多，他们默默保护着吉林的绿水青山，在脱贫奔小康的路上奋力前行。

王明海：踏遍绿水青山
守护最美家园

◎ 郑　茂

每天早饭后，王明海穿上制服，戴上生态护林员胸卡和红袖标，骑着摩托车向山里进发，开始了一天的护林工作。

王明海今年65岁，是汪清县汪清镇砂北村村民。十几年前，妻子患肺癌去世，女儿出嫁，儿子外出打工，王明海只能靠种地维持生活。多年辛苦劳作，王明海深受高血压、风湿病的困扰，医药费支出很大，生活十分困难。

2017年3月，王明海被选聘为汪清镇第一批生态护林员，负责砂北村附近66公顷集体林地的管护工作。每天，王明海要巡护到天黑时才回家。

生态护林员算不上干部，但管理的权限不小。"北方的防火期长，天气干燥时尤其要注意，要管控一切火种进山的可能性，万一起了火可不得了。"王明海说。"现代化的护林也和想象的不一样，进山时要身穿护林制服，执法时要佩戴袖标，有情况要通过对讲机

◆ 王明海在公路沿线开展管护工作

及时上报情况。"担任了生态护林员，王明海才知道，护林也有这么多规矩。

当护林员不久，王明海在一次巡山中发现，坑洼的山路上有刚刚被履带车轮轧过的痕迹。王明海顺着痕迹追寻，发现有人开着钩机正要破坏林地和植被，非法取土。王明海一边大声喊着"停车"，一边不顾个人安危冲上去挡在车前，并及时上报林业部门。经过苦心劝说，取土的人离开了，林地和植被得到保护，王明海感觉自身的价值就在于此。

"林地不能破坏，这不仅是要遵守法律，更要为子子孙孙留下一片碧水青山。"王明海说。担任生态护林员以来，他共处理20多起火灾隐患，制止私自到浅山区挖土破坏植被行为6次，还制止多起盗伐林木、非法开垦等行为。他任职以来，责任区内未发生过森林火灾和滥砍盗伐林木、乱捕滥猎野生动物等破坏生态资源案件。

日前，中央广播电视总台播出了"最美生态护林员"发布仪式，王明海获得了中宣部、国家林草局等部委联合颁发的"最美生态护林员"证书，他也成为吉林省唯一获得此项荣誉的生态护林员。"我爱这片林子，看着山里的树平安的长着，我就高兴！咱得干好护林工作，要对得起这份荣誉。"拿着沉甸甸的荣誉证书，王明海坚定地说。

延边新闻网 2021 年 4 月 29 日

.

最美生态护林员

朱生玉

ZUIMEI
SHENGTAI
HULINYUAN

朱生玉：心系藏乡护林梦 一路汗水一路歌

朱生玉系甘肃省武威市天祝藏族自治县安远镇柳树沟村人，家中3口人，2013年年底识别为建档立卡贫困户。

2017年11月，朱生玉得知安远镇柳树沟村选聘生态护林员的消息后，他怀着独特的情感，毫不犹豫地向村委会递交了申请。由于他自小在山区长大，对那里的一草一木、山形地貌了如指掌，经过村委会推荐，镇政府和县级审核，朱生玉如愿选聘为生态护林员，负责守护小柳树沟林地900多亩。管护区山大沟深、路途遥远，能骑车的地方少，步行的地方多，他凭着一双"铁腿"，每天坚持巡护，踏遍了林区的山山水水，一沟一壑，对林区的地形地貌、森林资源状态等都了然于胸，被村民们誉为林区的"活地图"，字迹工整的巡山日志就是他认真工作的真实写照。

巍巍雪山挡不住朱生玉豪迈的气概，茫茫林海隔不断57岁老汉的藏乡生态梦。朱生玉自2017年被选聘为生态护林员以来，他积极参加乡镇、护林站组织的培训，认真学习相关的法律、法规及政策，凭着强烈的责任感和不怕吃苦默默奉献的精神，兢兢业业做事，勤勤恳恳护林，周边林草的茂盛见证他辛勤的付出，也让自己的家庭走上了脱贫致富路。他常常给村里人说："党的政策好呀，家里农活不耽误，还有 8000 元劳务报酬，好日子才刚刚开始呢。"自选聘以来，每到春节、清明节等防火重点期，他就背着干粮在管护区内的各个坟头巡护蹲守，祭祀的人走了，他要详细检查有无火星，确保纸灰全部熄灭后又走向下一个坟头。在防火安全期他挨家挨户宣传《森林防火条例》《中华人民共和国野生动物保护法》和林草政策法规及防火常识，面对面讲解生态保护的重要性，他还自发到林区写标语、立警示牌，一再告诫群众进山入林严禁携带火种。对他来说，清理田间地头杂草，消除火灾隐患，捡拾护林区垃圾，更是他的日常。在他的带领下，现在村里人防火意识和保护生态的意识明显增强，护林、爱林的意识也是深入人心。他所管护的责任区，没有发生过森林火灾及乱砍滥伐的现象，有效地保护了责任区域林草资源安全。

◆ 朱生玉在巡山途中

2019 年春节过后，亲戚想请他去新疆承包土地种植棉花，收成好时一年有二三十万收入，比他当护林员的收入高好多倍，然而被朱生玉婉言拒绝，因为他心里放不下走过的一沟一壑、守护的一草一木。2020 年春节，新冠肺炎疫情来势汹汹，军人出动、医生救急，举国上下打响了疫情防控阻击战。朱生玉也不甘落后，他又成为柳树沟村疫情"守门员"，每天完成巡护任务后，一有时间就主动到村口防疫点值守，劝阻来访走亲人员，认真做好登记报备工作，积极宣传抗疫知识，为打好疫情防控阻击战贡献着一名生态护林员微薄的力量。

清贫岁月心无悔，功名浮华皆云烟。朱生玉没有感天动地的故事，但他有对山林的责任，对护林工作的无比热爱，他用朴实无华的行动，表达着他对养育过他的山山水水的最朴实的情感，表达着对党的扶贫政策的感激之情。如今，朱生玉一家的生活明显好了，卫生院为患糖尿病的老伴办理了慢病证，儿子也找到了稳定的工作，全家人都有了致富的信心。

朱生玉兢兢业业的工作得到了广大群众的高度认可，也成了其他护林员学习的榜样，现在提起安远镇的护林工作，人们第一个想到的就是朱生玉，都由衷地为他竖起大拇指！3 年多以来，他走过的是一条任劳任怨、辛勤耕耘的护林之路，身后一串串坚实的脚印和一片片茂盛的树林，写满了坚韧、崇善、团结、奋进的"天祝精神"。风雨沧桑，他初心不改，守望着自己的护林梦，一路汗水一路歌，谱写了一曲平凡而卓越的护林赞歌。

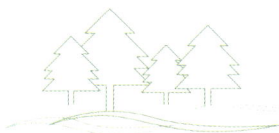

朱生玉：守护绿水青山

◎ 孙丽娟　魏晓莹

在甘肃省天祝藏族自治县安远镇柳树沟村，经常可以看到一名身着迷彩服、脚穿解放鞋，肩挎水壶，戴着"生态护林员"红袖章的憨厚敦实腼腆中年汉子，他每天早出晚归，常年穿梭在小柳树沟林地，巡护着这里的山水草木。

他，就是全国"最美生态护林员"朱生玉。

"今天气温很低，林内一片安静，一个人巡山有点孤单，可护林是我的责任。""在巡山过程中看到了狐狸、野兔的踪迹。""徒步走到所管辖的区域，未发现破坏林地的现象。"每天巡山结束，他都会将当天的情况登记在巡山记录本上，在厚厚的几本巡山日志里，记录着他每天的工作和心情。

现年58岁的朱生玉管护的900亩地界属于祁连山自然保护区实验区，山大沟深、路途遥远，能开车的地方少，步行的地方多。他凭着一双"铁腿"，每天坚持巡护，踏遍了林区的山山水水。

朱生玉一家3口人，妻子因患糖尿病需常年吃药，31岁的儿子也没有稳定工作。2013 年年底，朱生玉被列入建档立卡贫困户。2017 年，安远镇柳树沟村发公告要选聘生态护林员，朱生玉看到公告后，随即向村委会提出了申请。当时，他向考察的工作人员说："我喜欢这里的一草一木，对做好这个工作有信心。既然选择了这个岗位，就要把这项工作做好，不会让大家失望。"

他是这么说的，也是这么做的。加入生态护林员队伍后，朱生玉更坚定了自己的信心，对生活充满了希望，以自己的实际行动履行着当初的诺言。

俗话说"隔行如隔山"，为了从一个农民转变成为护林工作的"行家里手"，朱生玉付出了许多努力。

"每次开展护林业务培训，朱生玉总是最积极的。"安远镇安远村生态护林员秦毕花说，朱生玉在闲暇时间认真学习相关的法律、法规及政策，履行着一个护林员的职责。

◆ 朱生玉与其他生态护林员一起上山护林

"我自小在山区长大,对那里的一草一木都有特殊的感情。"朱生玉笑着告诉记者,每次巡山,一看到这些树木,就感觉特别的亲切,现在看到它们一天比一天茂密,心里感到特别高兴!

4年里,朱生玉跑遍了小柳树沟林地的角角落落、沟沟坎坎,对那里的每一个山梁、林木资源、地形地貌等都了如指掌。一提起他,村民们都说他是小柳树沟林地的"活地图"。

"每天不亲自察看一遍,心里不踏实,自己苦点累点不算啥。"每天巡山,朱生玉累了就地蹲坐小憩,渴了就喝点白开水,饿了就啃个馒头。从山头到谷底、从天色未亮出门到披星戴月回家,寒来暑往,从不懈怠。他每天跋山涉水路途不少于12公里,每年磨破底的解放鞋至少也有好几双。

"党的好政策给了我这份工作,在护林的同时我更要通过自己的努力让自己的日子越过越红火。"在国家扶贫政策的帮助下,朱生玉在担任护林员的同时积极发展特色种养产业。"除了每年护林给我发8000元工资,我每年靠养殖和种植还能收入2万多元。"朱生玉激动地说:"是党的好政策让我脱贫致富,绿水青山就是金山银山,我一定要守护好这片山林,来报答社会。"

《武威日报》2021 年 4 月 2 日

最美生态护林员

多贡

ZUIMEI
SHENGTAI
HULINYUAN

多贡：为了山林那一抹笑容

多贡，藏族，1970 年生，现年 50 岁，属西藏自治区昌都市芒康县建档立卡贫困户（2013 年 12 月识别，2017 年年底脱贫退出），2016 年被正式选聘为生态护林员。5 年来一直从事着"护林防火、保护野生动植物、阻止乱砍滥伐"等工作。

黑瘦的面庞，干裂的嘴唇，一双洁净无瑕的眸子，两鬓结上了些许白霜，这个男人叫多贡，已然到了知天命的年纪，他正在 214 国道旁小心翼翼地捡拾着垃圾。

小心翼翼？看到小心翼翼这 4 个字，也许很多人都冒出了问号，捡个垃圾罢了，何必小心翼翼。如果我告诉你这是在 214 国道的山坡旁，又或者你亲眼看到他捡拾垃圾的位置，你一定会对这个黑瘦的男人充满敬意。

一只手拽着灌木，另一只手铆足劲将力气使到最大，不停地试探着。调皮的汗水由面颊流下，不停地开拓着属于它的领地。仅仅过去了 3 分钟，多贡的全身便已经被汗水浸透了。他大口喘着粗气，望着近在咫尺的饮料瓶，眼神透露着坚定。脚下泥土因为踩踏的时间过长，开始有些松动了，甚至可能会摔下山坡。

"终于拿到了。"多贡长长地舒了一口气，将饮料瓶投入携带的蛇皮袋，望着洁净的山坡，他的脸上露出了笑容。这样的情形，多贡都数不清有多少次了。

捡拾垃圾是多贡近20年来的习惯了，从30岁开始他就经常一个人拿着袋子，在小昌都村周围的山坡上转悠，看到垃圾就捡起来。据多贡的朋友说，多贡曾经一天捡过10大袋的垃圾。随着国家保护环境力度的加大，多贡再也突破不了自己创造的这个纪录了。

"国家加大了对环境保护的投入，红拉山笑了，我希望自己袋子里的垃圾越来越少。"多贡用不标准的普通话说道。随后，多贡带领着伙伴哼着藏族山歌，继续巡护着这片美丽的山林。我曾问过多贡，为什么你每天都笑容满面。他告诉我，因为他居住的这片土地越来越干净了，越来越迷人了。

过了一会儿，多贡和伙伴就近找了一片山坡席地而坐。掏出随身携带的糌粑、酥油茶，吹着凉爽的秋风，眼神中透着满足。

◆ 多贡与其他生态护林员一起上山巡逻

半个小时以后，多贡和伙伴一行5人再次开始了巡山。边巡山边捡拾垃圾，边哼着山歌。正在走着，多贡突然加快了步伐，朝着林中发着红光的位置冲了过去。走到红光位置处，看到是一个红色塑料袋，多贡的心这才平静下来。

嘴里念叨着："还好不是火。"见到多贡如此紧张，同行的伙伴拍着多贡的肩膀安慰道："怎么可能发生火灾，不会的。"听到同行的伙伴这样说，多贡脸色由晴转阴。

"国家给了我生态护林员这个岗位，让我在家门口就业，保护自己生活的土地，我怎么能不竭尽全力呢！"多贡的这一番话让在场的人脸色不禁一红。很多的生态护林员巡山仅仅为了应付罢了，根本没有多贡这样的想法。一天的巡山很快结束了，多贡携带的袋子也逐渐"吃饱了"。结束了一天的巡山，回到家中后，多贡第一件事情便是打开电视收看《动物世界》，看着自由自在奔跑的动物，看着美丽的环境，多贡的心里比吃了蜜还甜。

"巡山，巡山，你这天天上山，上山砍树的人都记住你了。"多贡的老婆端上饭时，嘴里嘟囔着。

"记住我才好呢！如果我多贡的名字能吓到那些砍树的，就好了。"多贡说完，脑海中浮现出曾经阻止别人乱砍滥伐的画面。

记得那年冬天有一天晚上8点左右，多贡闲来无事，便到山上转悠，来到山脚便听到窸窸窣窣的声音，山林中还透着光亮，他便朝着山林走去。随着距离光亮越来越近，多贡听到了伐树的声音。他立刻意识到情况不对，赶忙通知护林员伙伴。然后便朝着伐树地奔去，同时大声喝止。偷伐树木的人听到有人后，连工具没拿就跑了。想到这里，多贡继续说道："老婆，你知道吗？山笑了，笑的和你一样美。"

听到这句话，多贡家里的人都笑了。透过这笑声，仿佛听到红拉山上的一草一木、花鸟鱼虫以及红拉山的每一寸土地都洋溢着微笑。

多贡：生态文明践行者，
绿水青山守护人

◎ 王　静

又是一个阳光明媚的上午，他像往常一样，开始了一天的巡山护林工作。穿过山岭、钻进密林、跨过溪流，脚下没有一成不变的路线，心中却是日复一日的坚守。以山为家、以林为伴，这就是他与小昌都村这片林区的故事，他就是 2021 年受到中共中央宣传部、国家林业和草原局、财政部、国家乡村振兴局表彰的 20 个中国"最美护林员"之一、西藏自治区唯一获奖的生态岗位护林员——多贡。

森林的亲人，动物的伙伴

黑瘦的面庞，干裂的嘴唇，一双洁净无瑕的眸子，两鬓结上了些许白霜，这个男人叫多贡，是西藏昌都市芒康县小昌都村追巴组村民。多贡家中共有 5 人，脱贫前属建档立卡贫困户。自 2016 年精准扶贫生态补偿脱贫政策实施以来，家中 4 人先后被选聘为生态岗位护林员，自此之后，整个家庭发生了翻天覆地的变化，仅生态岗位护林员工资，年户增收就达到 1.4 万元。除此之外，还依靠畜牧业、林下资源采集、退耕还林政策等方面持续带动，家庭条件得到了显著改善。

芒康，藏语意为"善妙之地"，自 2000 年"天然林保护工程"启动以来，"保护森林资源、建设美丽西藏"的口号响彻了芒康的山山水水。小昌都村位于芒康县曲孜卡乡，地处澜沧江边、芒康滇金丝猴国家级自然保护区范围，海拔 3500 米，森林及野生动植物资源十分丰富。多贡在这里默默履行着自己的职责，世代守卫着这群可爱的精灵，用爱浇灌着这里的一草一木。听多贡讲，因巡山护林山高路远，有时需要在山上过夜，有一年冬天，他就经历了与猛兽擦肩而过的危险瞬间。天黑了，一同巡护的伙伴正在打量露宿营地的时候，一声吼叫打破了夜晚的宁静，他们与路过的熊相遇了。还好没有触犯到熊的领地，加上对熊的习性的了解，他们才有幸躲过一劫。多贡说："其实，我在遇到熊时，心里除了害怕还有开心，我觉得遇到的野生动物越多，我越是开心。"

宣传的能手，尽责的标兵

在生活中，他团结乡民村民，遵守乡规民约，把保护森林和野生动植物作为生活的一部分，有着丰富的护林经验和实践经历。每当市、县林草部门及乡（镇）组织开展护林防火、营造林建设、林业有害生物防治等政策法规学习或专业技术培训时，他总是第一个参加，并以身作则将学到的法律法规进行宣传，把学到的专业技术

◆ 多贡开展巡山工作

用于实际。多贡回忆，他总是坚持不懈、跋山涉水、不辞辛苦从事着"护林防火、野生动植物保护、阻止乱砍滥伐"这些工作。

无数次，在一些坡度大于 70° 的山坡上，他一只手拽着灌木，另一只手和双脚铆足劲将力气使到最大，不停试探着往上爬，汗水从面颊流下，望着近在咫尺的山顶和身后陡峭的悬崖，他眼神中透露着坚定。"终于到了。"多贡长舒一口气，此时已是一览众山小，他拿出随身携带的望远镜，望着远处茂密的森林，脸上露出了笑容。

5 年来，多贡用双脚丈量了这里的每一片土地，把心血奉献给了这里的绿水山川。现如今，生态环境越来越好了、生活也越来越好了，人与自然和谐相处的氛围越来越浓了。芒康县森林面积达 41.6 万公顷，森林覆盖率达 35.94%，国家一级保护动物滇金丝猴达到 800 余只，生态岗位每年人均增收 3500 元。这些成绩的取得，离不开党和国家各类政策的大力支持，离不开自治区、市、县各级的指导与安排，更离不开无数同多贡一样的生态护林员辛勤付出与努力，相信有这些"最美生态护林员"，祖国的山河将会更加美丽！

《西藏商报》2021 年 4 月 2 日

最美生态护林员

孙绍兵

ZUIMEI
SHENGTAI
HULINYUAN

孙绍兵：爱岗敬业管好林 守护青山为家乡

　　孙绍兵，河南省新县泗店乡邹河村一名普通的生态护林员。2017 年被聘为生态护林员至今，无论是资源保护、幼林管护、森林防火，还是服务农村中心秸秆禁烧、防疫抗灾等工作，他都乐于奉献、积极配合，在平淡的岗位上，做出了不平凡事迹，受到广大群众的认同和组织的多次表扬。

　　学通业务知识、提高管护技能。他所管护的山场面积 7020 亩，属丘陵地势，管护面积大、山林分散且道路崎岖。为了尽快熟悉护林工作，他一边学习政策法规、安全防火、野生动植物保护、病虫害防治等业务知识，一边加强林业生产实践。为确保森林资源安全，他从宣传入手，通过张贴标语、树立标牌、喇叭广播、发送微信消息、走家串户等形式，向村民宣传林业政策和法律法规。他深知自己肩上的担子，每天清晨，他总是家里最早出门的人，带着干粮，骑上摩托车，边走边巡视，边走边宣传，只要有时间，他都会挨家挨户耐心地讲防火形势、讲防火知识，宣传森林保护和森林防火的重要性。尤其在制止乱砍滥伐方面，由于农民建房一般都是秋冬季备料，孙绍兵除按时巡山外还要定期走访建房户，做好宣传工作。几年来，他所管护的责任区没有发生过一起乱砍滥伐、森林火灾现象，有效地维护了责任区林业资源的正常发展。

管护到岗到位、巡逻到位到点。对待这份护林的工作，孙绍兵说："当了一辈子农民，现在老了还肩负起特殊的责任了，以前只管自家的一亩三分地，现在我要负责全村的森林安全，觉得满满的使命感。"夏季，他常态化巡视山林，深夜在公路河边巡查；冬季，遇到进山村民和外地人，告诉他们切勿野外用火，注意森林防火。2018年2月的一天，在巡山途中发现两位外地人在山中休息抽烟，上前询问，得知他们是想挖几棵兰草花回家种养。老孙一点不含糊，他说："我是乡里的护林员，政府严禁乱挖乱采花草树木，而且你们还在山中抽烟，冬季天干物燥稍不留神就会引发火灾。"两人听了他的劝诫，自觉下山走了。每到春耕秋收时期，孙绍兵显得更加忙碌，秸秆禁烧和护林防火工作都不容懈怠，刮风下雨、严寒大雪的日子，孙绍兵更是坚持巡

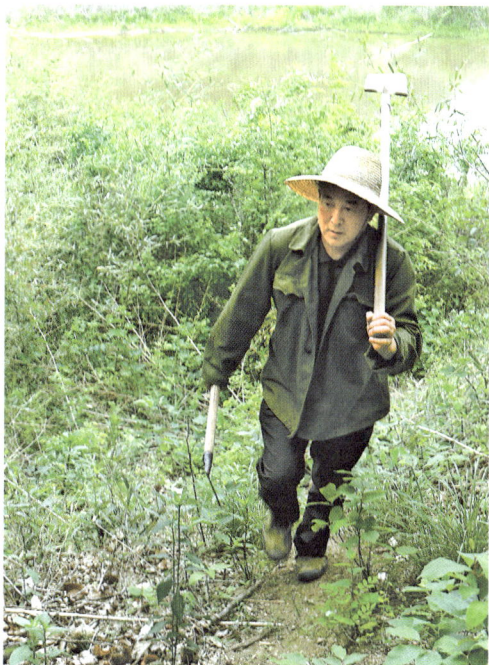

◆ 孙绍兵上山护林

护。他说:"越是天气恶劣,越是犯罪分子盗伐林木、偷拉私运和乱捕滥猎的时候,我们就越是要加强巡护,决不能给犯罪分子留下可乘之机。"当地在元宵节、清明节有上坟烧纸的习俗,极易引发森林火灾。每逢这些节日以及重要的防火节点的前几天,孙绍兵早早上山巡查,却往往后半夜才能回到家,妻子时有埋怨,但他却说:"虽然我自己的能力有限,但政府聘我当生态护林员,本身就是对我的一种信任,我当然要好好干。"

坚持一岗多责,爱岗敬业勇担当。3年来,孙绍兵不仅仅在林业管护上尽职尽责,同时积极配合村"两委"的中心工作,只要村里有安排,立即冲锋上阵。在2020年年初的新冠肺炎疫情防控中,他主动请缨担任"疫情宣传员",护林的同时宣传疫情防控知识,让疫情防控知识随着"流动小喇叭"传遍每一个村民组。因为他对待工作认真负责的态度,村"两委"吸纳他加入"五老四员"队伍,负责监督、调解等工作。平常看到有乱丢垃圾、破坏环境等行为的,他及时制止;有邻里纠纷的,他主动调解。大家都说孙绍兵是大山的好管家、乡邻的好帮手。

几年来,孙绍兵的足迹踏遍了邹河村的每一个山头。哪里的树被风刮倒、哪里的桥涵被水冲坏、哪里的树有了病虫害……他都在巡护日记中记得清清楚楚,无论风霜雪雨,无论严寒酷暑,他始终坚持巡护,辖区内的每条山路上、小溪旁、密林深处都留下了他行进的足迹。没有豪言壮语,也没有石破天惊的壮举,孙绍兵只是默默地用自己的实际行动,坚守着沟沟壑壑的碧水蓝天,用使命担当践行着"绿水青山就是金山银山"的理念。

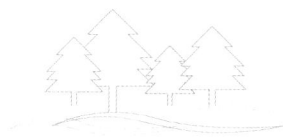

孙绍兵："我做的事不算啥"

◎ 陈　慧

　　2021年4月1日，中央宣传部、国家林业和草原局、财政部、国家乡村振兴局联合宣传发布20名"最美生态护林员"先进事迹，新县泗店乡邹河村生态护林员孙绍兵成为河南省唯一获此殊荣者。

　　孙绍兵又一次站在聚光灯下。2021年3月下旬，他还被邀请前往北京录制"最美生态护林员"发布仪式节目。已过花甲之年的他，从未想过一生中有如此荣耀的时刻。"比起党和政府对我的帮扶，我做的事不算啥。"他说。

　　2015年被纳入建档立卡贫困户之前，孙绍兵一家日子过得紧巴巴的。爱人长期被病痛折磨，当过兵的他苦无技术，空有一副好身板。

　　各方面的帮扶接踵而来，尤其是2017年，当上生态护林员后，孙绍兵的心彻底定了。

　　一人护林，全家脱贫。2016—2020年，河南省选聘生态护林员由1.8万名增加到4.2万名，管护着2393万亩森林，既守护绿水青

◆ 孙绍兵与其他生态护林员一起在山林间巡逻

山，又收获金山银山，实现生态保护和脱贫增收双赢。

从耕作自己的一亩三分地到管护全村7020亩森林，作为一名有30多年党龄的老党员，孙绍兵深知自己肩上的担子有多重。

万事开头难。他一边熟悉政策法规、野生动植物保护、病虫害防治等业务知识，一边从宣传入手，张贴标语、竖立标牌、走家串户，不断向村民宣传林业政策和法律法规。

当兵时养成的好习惯，孙绍兵每天5点左右就醒了。挎上保温壶和镰刀，带上饼干、面包，骑上摩托车，一上山便是一天。刮风下雨、严寒大雪的日子，孙绍兵更是坚持巡护。他说："越是天气恶劣，越是犯罪分子盗伐林木、偷拉私运和乱捕滥猎的时候，我们就越要加强巡护，决不能给他们留下可乘之机。"

如今，他的足迹踏遍了邹河村的每一个山头。哪里的树被风刮倒、哪里的桥涵被水冲坏、哪里的树有了病虫害……他都在巡护日记中记得清清楚楚。

邹河村树木多，林子密。经年累月，山上堆积的树叶杂草越来越厚，火险等级高，灭火难度大。

危险不期而至。2017年3月，刚当上生态护林员的孙绍兵便遇上一场林火，令他终生难忘。

"看着没风，火一着起来就猛地把我围住了。"当时孙绍兵的灭火器一直没停过。火扑灭后，用手一抹，烧焦的眉毛和头发掉了一大片。一起参与灭火的乡村干部很是心疼，吵他："不要命了！以后千万别这样。"

知道自己经验不足，在防火灭火培训中，孙绍兵狠下苦功不断为自己充电，遇到险情也更加从容。

当地在元宵节、清明节有上坟烧纸的习俗，极易引发森林火灾。还记得2018年那个元宵节，从下午3点开始，孙绍兵和村里其他6名生态护林员辗转扑灭了4场火，累得不想说话，饭吃不下，喝杯酒倒头就睡着了。第二天早上，又是生龙活虎。他说："能护好林子，我们就不辜负党和政府的信任。"

这几日，眼看清明节马上来临，孙绍兵的神经又紧绷起来。早早上山巡查，一一叮嘱村民，像个陀螺一样不停地转。

没有豪言壮语，没有惊天事迹，孙绍兵用自己的实际行动，守护着绿水青山，践行着一名共产党员的誓言。

河南日报网2021年4月2日

最美生态护林员

陈刚

陈刚：坚守巡护一线
守护一方安宁

　　五峰土家族自治县地处湖北省西南部，全境皆山，平均海拔1100米，居全省第二；有林地302万亩，占国土面积的85%，森林覆盖率81.68%，位居全省县域之首。位于五峰土家族自治县西部的五峰镇水浒司村有这样一位生态护林员，日复一日，年复一年，始终坚守在巡山护林一线，守护着一方安宁。

　　他叫陈刚，土家族，现年45岁，初中文化程度，2017年被选聘为五峰镇水浒司村建档立卡贫困人口生态护林员，2019年任五峰镇水浒司村生态护林员组长。作为组长，他不仅要管护自己辖区内5000余亩的山林，还管理全村生态护林员在岗履职情况。尽管管护的山林面积大，任务重，但他从不言苦、不说累，对工作踏实、认真、负责是他一贯的作风。

　　2018年年末，一次日常巡护中，陈刚发现有疑似松材线虫病枯死松树，他立即向林业管理站报告，迅速组织护林员对全村44286亩天然林进行地毯式排查，将排查出来的枯死松树一一登记编号，及时上报，为全县除治松材线虫病提供了第一手翔实资料。排查完后，他又参与到由林业部门组织的枯死松树除治工作，对所登记的枯死松树逐一砍伐、烧毁、清除，切断传染源，有效遏制松材线虫病的蔓延。在这之后，陈刚带领村里的生态护林员将森林病虫害作为重点巡护对象，加强日常巡护。他经常说"事前有准备，遇事不惊慌"，他也一直坚持着，始终把工作想在前、做在前。

在山区，老百姓靠的是山、吃的也是山，水泘司村积极响应号召，全面停止天然林采伐，村民很是不解，一度非常抵触，怨声四起，不时还有村民偷偷砍伐树木等现象。陈刚了解此情况后，在巡护中重点关注村内极个别村民的动向，一旦发现砍伐树木等行为，他第一时间赶到现场极力劝阻，耐心向农户讲解天然林保护政策，碰到蛮横不听劝阻的农户，他就宣讲《中华人民共和国森林法》《中华人民共和国刑法》等处罚条款劝阻村民，不达目的誓不罢休。在他的宣传下，现在全村无乱砍滥伐、乱采乱挖林木现象，处处山青林绿，风景如画。有的农户问他："你怎么知道这么多知识？"他笑着说："在新时代下，不加强学习怎么干得好

◆ 陈刚正在开展护林工作

工作，自己腰杆子不硬怎么管得好别人。"

除了日常山林巡护外，他会抽时间上山去植树造林。4 年多来，在他的影响下，村公路沿线两旁、农户庭前房后种植紫薇、红花玉兰、杉木、核桃等林木达 2.5 万多株，成活率达 90% 以上，形成了一道亮丽风景线。他还热心帮助其他公益岗位人员清理垃圾，清扫路面，排查道路安全隐患。在新冠肺炎疫情防控期间，他主动请缨，给村民代购物资，配送生活必需品，免费给防疫人员提供工作餐，在援汉捐赠物资中，自己不仅捐钱捐物，还帮助村委会义务转运捐赠物资。

自从陈刚担任生态护林员后，他每日穿梭于崇山峻岭之中，时刻牢记巡山护林职责，在公益活动中处处有他的身影。他虽然没有惊天动地的业绩，也没有世人皆知的荣誉，但对自己的岗位始终满腔热忱，对服务群众始终真心实意，在护林这个平凡的岗位上，以他不平凡的敬业精神守住了绿水青山。

陈刚:"火眼金睛"看护 4.4 万亩山林

◎赵　辉　唐祖国　王登府

地处鄂西南边陲的湖北省五峰土家族自治县,群山连绵,是国家重点生态功能区,属于限制开发区域。多年来,五峰土家族自治县坚持生态立县,依托绿水青山走出了一条产业富民、绿色发展之路。

在这里,有一群绿水青山的守护者——生态护林员,他们日复一日、年复一年行走在崇山峻岭中,成为一道"最美风景"。

他们中有一名杰出的代表名叫陈刚,是五峰土家族自治县五峰镇水浕司村生态护林组组长,前不久被中宣部、国家林草局、财政部、国家乡村振兴局评为"最美生态护林员"。

"巡山不知磨破了多少双鞋"

虽然还是早春,走进大山深处,座座山岭、片片峡谷已染新绿。经过隆冬的洗礼,那淡淡的绿让人陶醉。

在五峰土家族自治县五峰镇狮子垴和白溢寨两山之间的峡谷上，有一个秀美山村——水浕司村。全村 5.58 万亩的面积，山林就有 4.4 万亩。村里起初只有 9 名护林员，2020 年扩大到 34 人。

2021 年 3 月初，记者在白溢寨半山腰的乡村公路上见到陈刚时，他刚巡完山准备回家。

陈刚现年 45 岁，腿有残疾。2017 年，他开始守护 5000 多亩山林。目前，他担任水浕司村生态护林组组长。

水浕司村境内有 40 多座山峰，峰峰相连，海拔 2300 米的狮子垴是境内最高的山峰，被誉为五峰的"小西藏"。陈刚负责守护着狮子垴周边 7 座山林。

每逢巡山，镰刀、手套、头盔、摩托是陈刚的必备工具。早上 8 点，他准时上山，下午两三点钟下山。

"现在，乡村公路已经四通八达了，但我们村还有几个特别的地方，到现在还只能靠步行。"陈刚说，上山时，全部是羊肠小道，有些地方还要爬。"每月平均有 23 天在巡山的路上，不知磨破了多少双鞋。"

精心看护好每一棵树

水浕司村境内大部分是天然林，这些天然林中夹杂着松树。2018 年年末，一次日常巡护中，陈刚在万绿丛中发现有疑似松材线虫病枯死松树。他知道，如果不迅速处置这棵病树，将危害整片山林。他立即向镇林业管理站报告，五峰土家族自治县林业局防治专家杨志带着科技人员赶赴现场，及时进行了处置。

事后，陈刚迅速组织护林员对全村 4.4 万亩天然林进行地毯式

◆ 陈刚处理山体滑坡险情

排查，将排查出来的枯死松树一一登记编号，及时上报，为全县防治松材线虫病提供了第一手翔实资料。排查完后，他又参与到枯死松树除治工作中，对所登记的枯死松树逐一砍伐、烧毁、清除，切断传染源，有效遏制松材线虫病的蔓延。

每年春节假期、清明节、森林防火期，都是森林火灾易发期，陈刚更不能有丝毫疏忽，始终坚守岗位。

生态护林员，既是山林的守护神，也是政策的宣讲员。他不仅自己宣讲《中华人民共和国森林法》，还会找到村里有名望的老人，请他们帮助做好宣传工作。

守住青山，甜了日子

"生态立县，走绿色发展之路"。这是五峰土家族自治县经济社会发展的战略决策。

"好山好水，大家都愿意来旅游。但前提是要守护好这里的绿水青山。"五峰土家族自治县公路局驻水泠司村第一书记何克让说。

几年来，陈刚和他的生态护林队，不仅守护了这片青山，还与其他生态护林员一起上山植树造林。在他的影响下，村里公路沿线、房前屋后种植了紫薇、红花玉兰、杉木等 2.5 万多株，在美化乡村的同时，绿水青山也变成了惠及子孙的"聚宝盆"和"绿色银行"。每逢旅游季节，很多游客慕名而来，带火了这里的农家乐与民宿。

守住青山，富了口袋，甜了日子。水泠司村的绿色发展是五峰全县的缩影。

宜昌市人大常委会副主任、五峰土家族自治县委书记陈华表示，全县森林覆盖率达 82%，居湖北省首位，全县正加快构建现代生态经济体系，着力提升茶叶、中药材、中蜂、绿色菜园、精品果园、特色花园、生态养殖园"一茶两中四园"特色产业，打造一批龙头企业和知名品牌。

《中国绿色时报》2021 年 4 月 21 日

最美生态护林员

陈力之

ZUIMEI
SHENGTAI
HULINYUAN

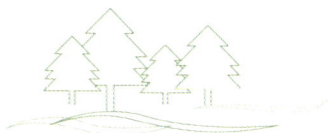

陈力之：看好这片山等于守护着一个"绿色银行"

陈力之，现年29岁，汉族，初中文化，贵州省湄潭县鱼泉街道办事处土塘村村民，2017年选聘为生态护林员，当地致富带头人。

人穷志坚，自强自立，敢叫贫穷换新颜。"绿水青山就是金山银山，我们鱼泉正是因为有了绿水青山，才变得康养、平安和幸福。"贵州省湄潭县鱼泉街道不到30岁的陈力之对金山银山的概念感受太深了。

"记得我7岁时就没了父亲，是母亲含辛茹苦把我和哥哥拉扯长大。那时候这里生态不好，为了生存，只得在石窝窝里头种苞谷，从贫瘠的石旮旯地里刨食。哪像现在，林深叶茂，生态好了，到处鸡鸭成群，牛羊满坡，我们建档立卡贫困户都过上了小康生活。"

陈力之的哥哥虽然40来岁，却因患智障连生活都不能自理，而年近七旬的母亲终因积劳成疾，患有高血压和骨质增生行动不便，这个家顶梁柱的担子自然落到了陈力之肩上。2017年，鱼泉街道土塘村要在贫困户中物色护林员，年轻好学、积极向上的陈力之成了大家公推的对象，于是他的肩上又多了一份责任。"既然政府信任我，让我看护我们村的林子，无论怎么辛苦，我都一定会把工作做好。"他是这么说的，也是这么做的。此后数年，陈力之在工作岗位上尽职尽责，为鱼泉街道的森林防护谱出了绿色之歌。

以山为家，以林为伴，做森林资源的守护神。"不要携带火种进山、不要在林区吸烟、不要在山上野炊、不要在林区内上香……"一开始巡山护林时，陈力之在各个路口巡逻宣传，把火种拦截在山门之外，有时声音小了别人听不见，便只能大声喊，一天下来嗓子沙哑得不成样。一次巡山时，他看到远处冒着浓浓白烟，以为是哪处山林着火了，冒着烈日跑了 10 多里路，原来是村民在焚烧秸秆，气喘吁吁的他赶忙拉住点火的村民："哎哟！老乡咯，群众会上都说不要在地头焚烧苞谷秆，污染空气不说，要是引起火灾就麻烦大了！"几个村民不愿停下，还怪他"多管闲事"。陈力之边擦额头上的汗珠，边坐在田埂上一个政策一个政策给老百姓讲，遇到百姓不理解的就解释了一遍又一遍，这才阻止住村民们继续焚烧秸秆。后来，条件好些了，他就购置了一辆摩托车，还配备了"大声公"，每天进山宣传，守卫着这 1 万多亩的公益林区。

2019 年 7 月，与往常一样，在巡山护林时，林子深处有不正常的响动，鸟也飞得特别急切。陈力之急忙下车冲入林中，发现有人在捕猎珍稀鸟类，他赶紧制止："干吗呢，干吗呢，有人允许你来捕鸟吗？你这是犯法知不知道！"由于长期"锻炼"，他的声音洪亮又富有震慑力，吓得犯罪分子"弃械而逃"。回过神后，他赶紧向街道林业站打电话，汇报情况。在各方追查下，犯罪者得到了应有惩罚。事后，有人问他："你害怕吗？万一那个人对你打击报复怎么

◆ 陈力之正在开展护林工作

办?"陈力之说:"你不要说现在,其实我当时都怕得很,万一他手里有猎枪我岂不是交代了。但是护林员就是干这个的,上报是我的责任。再说了,当时我也顾不上啊,怕他伤害森林,大的贡献我做不来,但保护好我们这片林子还是没问题的。"

常怀感恩,带头致富,为鱼泉街道增绿添彩。疫情防控期间,陈力之不仅要巡山,还要守执勤点,他还把自己的工资拿出一部分捐给了村里用于抗疫,村里说不要贫困户的钱,他着急了:"你们必须收着!我们生态护林员一年一万元的补贴是国家给的,不管什么时候,一个人都要懂得感恩,起码要对得起自己的良心。"

在护林工作之余,陈力之经常帮助村里的其他群众解决困难。2018年秋冬时节,由于缺水,寨子周围很多群众都没了水喝。为了解决这个问题,他奔跑着动员群众,终于,在他的带领下,大家出资2万余元，修建了饮水池，寨子里的人终于能喝上方便干净的自来水了。事后大家提起这件事，还是止不住地夸赞："力之好呀，肯干又勤快，什么都为我们想，要不是他呀，这个水池不知道啥时候才能修起来哟。"

闲暇时，陈力之常常思考"金山银山"的事，村里要办公益事业，群众要真正脱贫，老是捐款真不是办法，还得做好"靠山吃山"的文章。2019年10月，陈力之用自己的积蓄，成立了贵州力之之农业开发有限责任公司，孵化鸡苗、鸭苗、鹅苗，供应村民们发展林下养殖，多余的家禽苗还远供安顺、毕节、仁怀等地。公司自成立以来已孵化育苗3万余羽，不光自己的生活得到了改善，还带动了3户贫困户稳定就业。

村民张政超、吴忠生就是公司的两名员工。能在家门口就业，他们特别开心："我们两口子能在一起上班，还有时间回家带带孩子，挺好的。虽然现在公司不大，相信以后的日子会更好，跟着陈总好好干呗！"现在，他们两人的工资加起来，每年都有2万多元，再种点庄稼，全家人的生活基本不成问题。对于"陈总"这个称呼，陈力之是不喜欢的。他说："哪有什么总不总的，我自己也是贫困户，我是把大家当家人的，希望我们能够共同努力，一起脱贫。"

多年来，陈力之所管护的区域没有发生一起森林火灾，没有一起乱砍滥伐现象，抓获教育乱捕野生动物1人，这无不凝聚着陈力之的心血和汗水。

"看好这片山，等于守护着一个'绿色银行'。"陈力之明白护林工作的重要意义，自学了《中华人民共和国森林法》《森林防火条例》等森林法律法规，还经常去村民家中发放宣传材料，刷写林地标语。他说："党是我的指路人，也是我的大恩人，我是要向党组织靠拢的人，我也向党组织提交了入党申请书，接受党组织的考验，所以尽管在平凡的岗位上做平凡的事，也要始终记住更好地为人民群众服务才行，为康养鱼泉、平安鱼泉、幸福鱼泉增绿添彩。"

陈力之：守住青山换来"金山"
靠山吃山的"新吃法"

◎ 吴采丽　吴传娟

早上8点，"最美生态护林员"、29岁的陈力之，穿好工作服，拿起镰刀，朝1万多亩公益林区走去，开始四五个小时的巡山路。

大山深处，林下鸡鸭嬉戏，林间蜂群采蜜忙，牛儿肥壮，菌菇冒尖……这里是贵州省湄潭县鱼泉街道土塘村，与30多年前比，完全是不同的景象。

依山而建的土塘村，以前四周都是光秃秃的荒坡，树木少得可怜。每逢雨季，洪水一来，山坳子里的稻田便遭了殃。

"碰到雨水多的年份，那就是颗粒无收啊，日子苦得很。"回忆往昔，土塘村69岁的老支书阳元志感慨道。

受制于地处偏远、交通闭塞、石山多耕地零碎等因素，昔日的土塘村人靠山吃山，却越吃越穷。

"这'吃法'不对！稻田被水淹，山林产不出东西。得先保护好青山，才会有金山。"陈力之道出了症结所在。

20 世纪 90 年代，为了改善生态环境，政府发动群众爱林护林，陈力之的父亲积极投入其中，他甚至在林子里搭了两间茅草棚，把家安置在那里。

在陈力之的记忆中，父亲守林子很严，村民常开玩笑说："牛见到他都会被吓跑。"

小时候的陈力之一边帮着母亲务农，一边和父亲巡山护林。长期浸染下，遇到乱砍滥伐的人，陈力之也学着父亲严厉的语气："不准砍树！林子没了下雨就会发大水，田就会被淹！"

2017 年，土塘村要推选新的生态护林员，陈力之当选，成为村里最年轻的生态护林员。

"政府信任我，让我看护我们村的林子，无论多辛苦，我都一定要把工作做好。"陈力之说。

◆ 陈力之在森林里巡逻

在近 4 年时间里，陈力之管护的区域没有发生一起森林火灾，没有一起乱砍滥伐情况，没有乱捕野生动物现象。2021 年，他荣获了由中央宣传部、国家林业和草原局、财政部、国家乡村振兴局授予的"最美生态护林员"称号。

一代又一代生态

护林员恪尽职守，让土塘村的山坡一年比一年绿，森林覆盖率达到 71.8%。

"群众要真正致富，'等靠要'真不是办法，还得做好'靠山吃山'的文章。"陈力之一边守着林子，一边思考如何用好林子。

2019 年，陈力之集资成立贵州力之之农业开发有限公司，在林下建设家禽孵化育苗基地，孵化鸡苗、鸭苗、鹅苗 3 万余羽。除了遵义，产品还销往安顺、毕节等地。试探成功，让陈力之更加坚持新"吃山"法子。

土塘村盛产马桑木，这是培育马桑菌的优质菌材。看到村里野生马桑菌品质优良、营养丰富，陈力之找到了商机，"依托生态优势，在农林部门的支持下，我们采取'公司＋合作社＋农户'模式，重点打造规模化林下野生马桑菌产业。"

杨文礼是陈力之的入党介绍人，得知陈力之要发展马桑菌，便毫无保留地将自己摸索出来的种植技术传授给他。

如今，放眼望去，土塘村满山青翠。目前，全村还发展起能繁母牛与肉牛养殖产业，共存栏 150 余头，建成 700 余亩茶园，育有蜜蜂 300 余箱。

"守好山林，发展林药、林蜂、林禽、林菌等多元复合产业，才是'吃山'的正确方式。"看着家乡变化，陈力之喜在心头。

《贵州日报》2021 年 5 月 31 日

最美生态护林员

麦麦提·麦提图隼

ZUIMEI
SHENGTAI
HULINYUAN

图隼

麦麦提·麦提图隼：
生态管护助脱贫　致富路上带头人

麦麦提·麦提图隼，维吾尔族，1986 年生，现年 34 岁，初中文化程度，于田县先拜巴扎镇乔克拉村村民，为建档立卡贫困户，于 2018 年招聘为生态护林员。麦麦提·麦提图隼善于学习、工作勤奋、作风扎实、爱岗敬业，他长年累月奔忙于森林资源管护和特色林果业管理工作当中，为先拜巴扎镇乃至于田县森林资源管护及林果产业发展起到了积极的带头作用，为全县生态护林员队伍建设发挥了积极的模范作用，带动了一大批生态护林员通过业务技能的学习、运用，走上脱贫增收致富路，成为于田县生态扶贫的一面旗帜。

强化自身素质建设，不断提高业务技能。麦麦提·麦提图隼自 2018 年被聘为生态护林员以来，不断加强理论学习，提高思想认识，拓宽视野。一是强化国家通用语言能力学习，提高自身的沟通能力；二是认真学习习近平新时代中国特色社会主义思想，深入贯彻落实党的路线方针政策、拥护中国共产党领导，在政治上、思想上、行动上与党中央保持高度一致，模范遵守各项规章制度，不断提高自己的政治素养；三是不断学习法律法规，严格落实管护职责。麦麦提·麦提图隼同志深知，只有在与时俱进的思想指导下，一个人的认识和素质才会不断提高，行为也才能与时代同步，与社会同步，与发展同步。正因为如此，他严格要求自己，认真学习思想理论方面的知识，抓紧一切时间学习森林法律法规，《中华人民共和国森林法》《中华人民共和国森林法实施细则》《森林防火条例》等法律法规熟记于心，掌握了林业和草原相关知识和技术，真正做到依法办事不出问题，执行政策不出偏差，使工作思路清晰，处理问题更得心应手，为自己今后的工作打下良好的基础。

为全面履行好生态护林员职责，麦麦提·麦提图隼在提高理论水平的前提下，不断加强业务技能学习，努力提高业务工作能力。一是加强业务技能学习，提高业务工作水平，强化职责范围内的森林管护面积的巡护工作；二是不断学习特色林果业管理技术，利用自家的5亩果树面积进行实践，提高果树管理水平；三是积极参与县、乡、村三级举办的各种技术培训，不断充实自己；四是勤学习、善学习，采取理论实践相结合，将看到的、学到的全部记在随身携带的手抄本上，通过不断学习、实践、融合，形成自己的心得，运用在实践管理当中。

勤奋敬业，甘为林草工作作奉献。麦麦提·麦提图隼在工作中从来不向困难低头，任劳任怨，把巡护当事业干，为林草发展作贡献。在他的管护下，他负责的500亩森林面积长势良好，从未发生森林火灾、有害生物危害等情况，他的管护责任区比别人管护的质量要好，整理得更干净，修剪更到位。生态护林员的职责是管护500

◆ 麦麦提·麦提图隼修剪核桃树枝

亩、每月巡护 8—10 日，确保管护面积的森林发展质量，但是麦麦提·麦提图隼把巡护工作当职业干，一年 365 天，无论是刮风下雨还是烈日炎炎，只要有时间他都坚持巡逻，巡护面积大、路程远，有时麦麦提·麦提图隼就带一些馕饼和水当作午饭，在路上简单休息就继续巡逻，巡逻工作日内每天都要行走几十公里路。在他的带领管护下，全村 12 名生态护林员管护的 5800 亩林地得到有效保护，同时带动全镇 100 余名生态护林员对 5 万余亩森林科学管护。

麦麦提·麦提图隼对自己要求十分严格，从事管护工作 2 年以来，每天早晨 10 点准时到管护区域对全乡 144 名护林人员点名，之后认真安排巡逻、修剪、病虫害防治等任务。每个管护点的管护员坚持每天巡护，管护好各自的责任区，并认真登记巡护情况，在巡逻过程中，发现任何损害森林资源的行为，立即制止并及时汇报。生态管护的工作让麦麦提·麦提图隼慢慢变成了"林业专家"，他对自己的工作充满热情，还积极学习和参与林政资源管理、森林病虫害防治等工作。

麦麦提·麦提图隼是一个爱学习、勤钻研、做事认死理的人，遇到问题一定要想办法琢磨透，才能安心，否则吃不好、睡不着，正是他这种精神，督促他不断学习、不断向前，成为生态护林员队伍致富带头人。这 2 年多的生态护林员工作中的管护、实践、学习，使其掌握了林业管理过硬的本事，先拜巴扎镇的农民都亲切地称他为"土专家"，哪家核桃出现异常情况，首先想到的就是叫麦麦提·麦提图隼到自家地里面看看，怎么解决；也正是这过硬的本事，使他家的 5 亩核桃园从此前的粗放式管理完成了向精细管理的转变，核桃产量也由当初的亩产不足 100 公斤，到亩产达 200 公斤的提升。

2019 年麦麦提·麦提图隼听说县上为全面促进林果业机械化管理进程，准备给全县 29 个村配备果树管理机械设备，他第一时间到村委会，要求村里申请一套管理设备。当设备配备到位之后，麦麦提·麦提图隼找到镇农村经济办公室的负责人，积极协调争取，成为仅有的两套林果管理机械设备其中一套的承租人。他积极组织村里的生态护林员成立了果树管理专业合作社，合作社在全镇范围内从事林果业管理服务，按照"五个拉网式"技术管理要求，每亩果园收取服务费 120 元，一年下来他和他的团队至少要完成 3000 亩的管理工作，合作社年收入近 50 万元，团队的所有人员人均收入在 2 万—3 万元，都顺利脱贫，逐步走上了致富的道路。同时，通过合作社的管理服务，先拜巴扎镇林果业管理上了一个新台阶，果农的收入明显增加，更为重要的是果农通过合作社的服务，让果农家至少释放出一个劳动力外出就业，对全镇脱贫致富起到了积极的推动作用。

惠民措施受益人，党的政策宣传者。麦麦提·麦提图隼是在党的惠民政策帮扶下，通过自己勤劳的双手，过上了富裕幸福的生活，用他自己的话说："我是在党的优惠政策帮助下，才过上了今天的幸福生活。"他经常在工作之余看看新闻，学习党的政策，不断地充实自己的同时，利用工作之余的闲暇时间，给同事、亲戚、朋友宣传党的政策，鼓励大家学习政策，在政策的引导下，通过自己勤劳的双手、智慧的头脑改变贫困落后的现状，走上脱贫的道路。在他的宣传下，有两名生态护林员利用自己的一技之长走上创业之路，事业发展越来越好。

麦麦提·麦提图隼常说自己就像是森林里的"啄木鸟"，用自己的默默付出守护着家乡宝贵的林草资源，用自己勤劳的双手，带领父老乡亲摆脱贫困，走上致富之路。无论是烈日酷暑还是严寒风雪，麦麦提·麦提图隼年年如一日，守护自己的家乡，是他的这份坚守让天更蓝、草更绿、水更清。

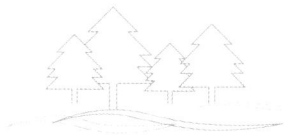

麦麦提·麦提图隼：
护林助我脱贫，我让家乡更绿

◎ 曹 华

"这次能获得'最美生态护林员'荣誉称号，这是对我多年护林工作的认可。今后，我要在生态护林员岗位上好好干，守护好家乡的绿色。"2021年4月1日，麦麦提·麦提图隼在接受记者采访时说。

34岁的麦麦提是于田县先拜巴扎镇乔克拉村村民。他的父亲身患疾病，一家人靠着5亩土地收入生活，日子过得非常紧，成了村里的建档立卡贫困户。2018年，麦麦提被选聘为生态护林员，多了一份收入，家里的日子逐渐好了起来。

麦麦提非常珍惜生态护林员的工作，他主动学习森林法律法规，将森林法等熟记于心。还掌握了林业和草原相关知识和技术，为做一名优秀的生态护林员打下良好基础。

"我负责的林地有500亩，离家2公里远，每天我都要骑三轮摩托去林地查看，摩托车无法通行的地方，还需要步行一段很远的路，巡护时不仅要看是否有火灾隐患、是否有破坏林地的情况，还要关

◆ 麦麦提·麦提图隼向村民们讲解林业管护技术

注树木生长，看是否有虫害发生。这些树木就像我的家人一样，时时刻刻都记在心里。"麦麦提说。

生态护林员的职责是管护林地，确保管辖范围内林木健康成长，麦麦提把生态护林工作当作一份事业来干。一年 365 天，无论是刮风下雨还是烈日炎炎，只要有时间他都坚持巡护，每个巡护日要走几十公里。每次出发他都带着馕饼和水，直到全部忙完才回家。在麦麦提的精心管护下，他负责的林木长势良好，从未发生森林火灾、有害生物危害等情况，他的管护责任区比别人管护的质量要好、整理得更干净、修剪得更到位。

麦麦提对待工作认真负责的态度，影响和带动了一批生态护林员，大家纷纷向他学习，使得全村 12 名生态护林员管护的 5800 亩林地得到有效保护。同时，带动全镇 100 余名生态护林员对 5 万余亩林地实施科学管理。

　　麦麦提是个爱学习、勤钻研的人，在生态护林员岗位上的两年多时间里，他通过不断学习，掌握了林果业管理的过硬本领。哪家核桃出现异常情况，大家首先想到的就是叫麦麦提到自家地里去看看，而他自己的 5 亩核桃园也从此前的粗放式管理向精细管理转变，亩产由当初的不足 100 公斤，增长到如今的 200 公斤。

　　在做好生态护林员工作的同时，麦麦提还积极组织村里的生态护林员成立了果树管理专业合作社，利用掌握的技术，在全镇范围内从事林果业管理服务。一年下来合作社收入近 50 万元，人均收入在 2 万元以上，社员们都顺利脱贫，逐渐走上了致富道路。

　　"生态护林工作改变了我的生活，使我的生活越过越好。今后我要用掌握的技术，像森林里的啄木鸟一样，守护好家乡的绿色；同时为乡亲们提供更好的果树管理服务，通过勤劳的双手，带动更多人走上致富之路。"麦麦提说。

《新疆日报》2021 年 4 月 2 日

最美生态护林员

汪咏生

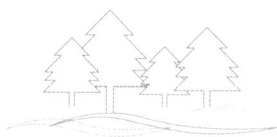

汪咏生：绿水青山的"忠诚卫士"

汪咏生，现年 47 岁，中共党员，现为大别山区腹地的安徽省岳西县古坊乡上坊村生态护林员。他始终把管护好一方森林安全作为自己的初心使命，认真履职尽责，以身作则，关键时候冲锋在前。在林区、在堤坝、在检查哨卡、在救火现场……人们时常看到他忙碌穿梭的身影，这个山区汉子以单薄而坚强的身躯，和他的同事一起护住了一方山清水秀，赢得广泛赞誉。

志愿护林，他坚持不懈。汪咏生打小对家乡的一草一木有着深厚感情。习近平总书记提出"绿水青山就是金山银山"，他更是打心眼里拥护，时时刻刻用实际行动践行这一伟大理念。汪咏生于 2016 年成功应聘为生态护林员。自此，无论寒暑，还是逢年过节，他都始终坚守岗位。他时刻牢记自己的岗位职责，自己管护区域的四至在哪里，区域里森林资源是什么样的情况，区域周边的环境情况怎么样，之前森林资源管护上容易出现哪些问题等，他正式来到护林岗位上不久就摸得清楚，了如指掌；他上岗第一时间就与巡护区域对应的林长取得了联系，主动打通了"林长"与"护林员"之间的最后一公里。他经常说，"护林员"关键是要把"防"放在第一位，防好了，森林就安全了。他是这样说的，也是这样做的。始终把防火宣传和值班当成了自己最日常的工作，已记不清每年值了多少班、跑了多少路、进入多少家开展面对面宣传。严寒酷暑他都坚守阵地，过年过节也很少能陪家人安安稳稳吃顿团圆饭。当地群众称他为上坊村森林资源的"守护神"。

勤奋好学，他自学成才。汪咏生深知，要想当一名优秀的护林员，在做好日常巡护，积极做好"防"的同时，还必须熟练掌握一些必备的森林防火灭火技能，学会使用一些简易的森林防灭火器材。这样在关键的时候就能够派上用场，做到森林火情第一时间发现，真正实现"打早、打小、打了"。为了尽快掌握日常护林防火基本常识，他积极参加县、乡举办的有关护林防火知识培训班，做到了一期不落。他还经常利用网络等多种手段自学防灭火技能，遇到难点疑点就去请教森林防火方面的专业人士，并在平时主动参加县乡组织的森林防火演练，以提高自己的实战能力。现

◆ 汪咏生在森林防火临时检查站值班

在，他已经能够熟练掌握一些基本防灭火技能。他还自学掌握了一些森林灭火器材的维修技能，人们都说他是森林防火的"土专家"。

关键时刻，他勇往直前。在森林防火期，他保持电话24小时畅通，严格服从乡村统一指挥，做到随叫随到，第一时间赶赴险情现场。这几年，无论是辖区内的零星火点，还是周边辖区的应急调度，只要有火情，汪咏生总能第一时间赶赴火情现场，听从现场指挥，不顾自身安危，积极参加抢险救灾。磕磕碰碰、擦伤烫伤更是常有的事，他从没有抱怨过。2020年春节前后，新冠疫情暴发，因上坊村地处安徽、湖北交界，村民平日与湖北亲戚交往频繁，防疫任务艰巨。关键时刻，汪咏生挺身而出，冲在疫情防控第一线。他拿着护林员配发的"小喇叭"，挨家挨户动员大家行动起来，齐心协力守卫自己的家园。他白天到村组卡点宣传值守，晚上还在通往湖北的主检查站值夜班，连续两三个月，人瘦了一圈，确保了上坊村"零疫情"，大家安然无恙。2019年的非洲猪瘟疫情防控，上坊村是一个重要的省际卡点，任务重、时间长，汪咏生也是主动请缨，带着一帮人在卡点日夜坚守，长达半年之久。

不忘初心，他无私奉献。汪咏生从入党第一天起，就认真履行党员义务，以奉献为使命。他常说党员就是要带头，要吃苦在前、享乐在后。乡村环境整治、设备维修、水利管护等一些公益性工作，他总是一声不响去主动承担；家长里短、邻里纠纷，大家都愿意找他，他也不厌其烦地去劝说调解；支部活动、党员组织生活，他更是从不缺席，还经常在村里宣传最新的中央精神和方针政策。

作为一名党员，他时刻不忘初心，争当脱贫攻坚先锋，带领群众共同致富。汪咏生因妻子患病和两个孩子上学经济困难，2014年成为建档立卡贫困户，随着脱贫攻坚的深入推进，特别是当地加大产业扶贫力度，燃起他发家致富的希望，也坚定他作为一名党员要带领群众致富的决心。2018年在乡政府和村委会的支持下，他联系一些贫困户牵头成立优质稻米种植合作社，通过土地流转、合作经营、自种代销等方式，吸引了120户农户加入合作社。合作社与有关基金会和农业公司建立长期帮扶关系，为村民无偿提供优质种子和有机肥料，指导农民科学种田，降低能耗，提高效益。过去种植水稻每亩收入不足1000元，现在一下子提高到每亩2000多元，全村优质大米年产100万斤，加入合作社的贫困户户均增收3000元以上。由于实行规模化经营，合作社每年还需要聘请大量的生产管理人员，仅务工这一项就有3万—4万元收入。

汪咏生作为一名生态护林员，他恪尽职守，任劳任怨，不愧为绿水青山的"忠诚卫士"；作为一名共产党员，他无私奉献，始终冲锋在前，充分发挥了先锋模范作用；作为新时代的农民，他积极投身并带领邻里乡亲发家致富，成了当地脱贫致富的带路人。

汪咏生："守护山林就是守护我的家"

◎ 洪 放

2021年3月30日清晨，安徽省岳西县古坊乡上坊村生态护林员汪咏生骑上摩托车，开始了一天的巡山、值守、宣传等工作。临近清明，老朱每天上午都会在村里重要的进山口值守，劝导村民文明祭祀。

"乡里统一发了鲜花，碰到拿香纸、鞭炮的村民，我就会用鲜花把这些传统的祭祀品换下来，确保没有明火上山。"到达值守点，从摩托车上拿出鲜花的老汪告诉记者，这样的做法乡里已经推行了好几年，随着移风易俗的观念逐渐深入人心，村民大多都自觉地不携带明火上山。

现年48岁的汪咏生自小就生活在大别山区，对山上的一花一木颇有感情。早些年，听闻自家及周边山区一些森林发生山火，老汪便加入了村里森林扑火队，成为一名扑火队员，参与了多场周边村庄、乡镇扑火行动。2016年，通过自主报名，经选聘、公示等程序，他的身份又从一名扑火队员转变为生态护林员。

2019 年，岳西县白帽镇发生森林火灾，住在临近的汪咏生闻令而动，第一时间通知全村护林队员，拿上灭火设备，火速赶往事发地点。从下午 3 点开始根据指示开辟隔离带，一直忙活到夜里 12 点才确定明火扑灭。为了防止余火复燃，他选择留下来和当地护林人员坚守现场，直到隐患全部消除，这才拖着疲惫的身子下山。事后得知，该场山火是因为路过的车辆驾驶员乱扔烟头所致，这也让汪咏生在巡护中多长了几个心眼。

"一个小小的烟头稍不注意就会引起一场大火灾，那多提醒一次可能就会避免一场火灾。"看见有村民在山边路边抽烟的，汪咏生总会提醒几句。而在他巡护的山林片区，多年来更是没有发生一起森林火灾。

跑得勤、巡得细、说得多，这是汪咏生担任生态护林员最真实的写照。防火任务不重时，他一天就得在山里转上八九个小时。

◆ 汪咏生在田间劳作

"看着山越来越绿，树木越来越多，我感觉挺值得的，守护山林就是守护我的家。"汪咏生告诉记者，由于妻子、孩子都患有比较严重的疾病，一家人曾是贫困户，正是靠着当护林员和植树造林，这才脱了贫。他对山林也有感情，把山护好是自己最大的心愿。如今，他种下的油茶、枫树等树木近10万棵。

古坊乡每年会集中组织护林员进行知识培训。如何保护珍稀树种、如何开展防火宣传、如何种植油茶……汪咏生不仅仔细记在本子上，还将这些知识用于帮助他人。"自打我前两年回来改造低质林发展油茶，咏生就三天两头往我的林子里跑，手把手教我怎么剪枝整形、怎么施肥。多亏了他，我家山上的野生油茶才能越长越盛，去年10多亩油茶收益达到了3万多元。"上坊村脱贫户郑向宝感激地说。

汪咏生带动更多村民加入护林增绿队伍的同时，他还在山区发展起了优质稻米种植。

在当地乡、村的支持下，2018年，汪咏生利用4万元小额扶贫贷款，联系一些贫困户牵头成立优质稻米种植合作社，通过土地流转、合作经营、自种代销等方式，吸引了120户农户加入合作社。合作社与有关基金会和农业公司建立长期帮扶关系，为村民无偿提供优质种子和有机肥料，指导农民科学种田、降低能耗、提高效益。在合作社的带领下，村里从过去种植水稻收入每亩不足1000元提高到现在每亩2000多元，全村优质大米年产值达到100万斤，加入合作社的贫困户户均增收3000元以上。

记者采访时，汪咏生多次提到自己是一名党员，就应该多为村里做一些事。2019年，为防范非洲猪瘟疫情传入，村里安排人员24

小时值守进村主要卡口，他主动提出长期值夜班，这一值就是近一年。"去年疫情，老汪主动要求值夜班，连续两个多月白天宣传、晚上值班，人瘦了一大圈，他是村里党员的典范。"上坊村党支部书记徐声怀说。

不久前，汪咏生先后荣获安徽省"最美生态护林员"、全国"最美生态护林员"称号。

《安徽日报》2021 年 4 月 1 日

最美生态护林员 李玉花

李玉花：独龙江畔行走的彩虹

按照习近平总书记"建设好家乡、守护好边疆"的批示，独龙江乡的生态护林员们长年穿梭在崇山峻岭间，守护着祖国近百公里的边境生态安全。李玉花就是他们中的一名独龙族"彩虹护林员"。

李玉花，独龙族，1987年生，家住迪政当村熊当小组，家中共5口人，有劳动力的仅1人。在生态护林员政策的号召下，她积极报名，在2016年被聘用为迪政当村建档立卡生态护林员。

在此之前，李玉花家是典型的贫困户。由于家里穷，她小学二年级肄业以后就开始务农，家中有年逾七十的双亲需要照顾，还要供养尚读小学的两个孩子上学，无法外出务工，家庭人均年收入不足2000元。劳动力文化素质低、缺乏技术等一系列原因导致一家5口生活拮据。自从2016年被聘用为建档立卡生态护林员，她领到了每月800元的补助，学历不高的她深知赚钱不易，自聘用为生态护林员后，她积极工作，认真学习林业法律法规、护林员管理办法及相关业务知识，积极配合护林员小组长的安排，不迟到、不旷工，在山高坡陡、异常艰辛的崇山峻岭中和队员们一起，攻坚克难按时完成巡山任务，认真登记巡山情况，巾帼不让须眉的她多次在护林员大会中受到表扬。她跟随小组长走访宣传 100 多次，张贴警示标语、标牌等 300 多张，为农户野生动物肇事受灾情况走访、照相、登记 80 多次，积极参加"怒江花谷"建设义务植树项目，努力做好管护区的动植物保护工作，积极配合乡天保所、管护站工作。

独龙江乡延边涉藏，全乡大部分又位于高黎贡山国家级自然保护区境内，固边任务繁重、生态保护区位重要，生态护林员在守护边境、自然保护区中发挥了重要作用。在 2020 年抗击新冠肺炎疫情工作期间，这支队伍积极参加到抗击新冠的战役中，参与守卡、巡查、宣传等相关工作中，作出了重大贡献。

◆ "彩虹护林员"李玉花

2018 年，李玉花家积极响应脱贫攻坚号召，在全村率先脱贫，为迪政当村整村脱贫起到了很好示范效果。因为她时常穿着独龙族特有的独龙毯做的衣服，被其他护林员亲切地称为"彩虹护林员"。

被聘用为生态护林员之后，经过多次政策宣传及学习，李玉花在思想觉悟上也有了很大的提升。从她身上激发出的强烈荣誉感和内生动力令人动容，每月稳定的工资收入，不仅让她燃起对生活的希望，更让她树立起战胜困难、摆脱贫困的斗志和勇气，坚定了劳动致富的信心和决心。

在工作闲暇之余，她积极响应政府的发展政策，结合自身实际，实施林药、林菌、林蜂等产业扶持项目，自 2016 年开始在当地农林部门的扶持下，她家种植了 4 亩草果、2 亩黄精、2 亩重楼、3 亩茶叶、1 亩葛根。美好的生活靠双手，勤劳的她还利用自己所学的养蜂技术，一直在村里养蜂，到现在她已经成功养出了 10 多个蜂箱，加上每月 800 元的护林员补助及各项惠民补贴，家庭人均年收入也从 2000 元增加到 8000 余元，真正实现了"一人护林，全家脱贫"。

独乐乐不如众乐乐。在全村率先脱贫后，李玉花没有独享发展产业带来的红利，而是利用近年所学知识和积累的经验，发动周边村民学习草果、黄精果、葛根、重楼、茶苗、养蜂等种养技术。在产蜜季节，她邀请村里有养蜂意愿的村民全程参与割蜜、过滤、出售等环节，让参与村民实实在在地感受发展产业带来的实惠。通过这些措施，带动多户周边农户参与产业发展。正是一个个像李玉花这样的农村脱贫致富领路人，带领着独龙江众多贫困户一道，在党和政府的坚强领导下，走生态发展之路，共享生态红利，以生态脱贫助推脱贫攻坚大业。

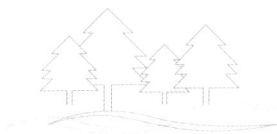

李玉花：从贫困户到最美生态护林员 独龙女孩守住绿水青山

◎ 赵 岗 和 晓 李子荣

我们是在迪政当村的山路上遇到李玉花的，这个独龙族女孩正在和其他护林队员一起在密林中巡山。从开荒种地的贫困户到最美生态护林员，李玉花找到了自己人生中最佳的位置。

从农民走向"彩虹护林员"

迪政当村，这是云南省怒江傈僳族自治州一个偏僻的小村，由于地处高山峡谷，交通不便，除了种地外，村民几乎没有收入来源。绵密起伏的大山封闭了与外界的来往，也锁住了村民致富的希望。

变化就在最近的几年，从 2016 年开始，在中央"精准扶贫"方略"生态补偿脱贫一批"政策的支持下，李玉花选聘为迪政当村建档立卡生态护林员。以前村民是千方百计从地里"刨食"，现在则是想尽一切办法让大自然恢复原有生态。

身份的转变让李玉花看到家乡的转型之美，看到了这片绿水青山蕴含的希望和未来。她守护的独龙江乡迪政当村天然林，地处高黎贡山国家级自然保护区，是祖国西南边陲的生态安全屏障，是"三江并流"世界自然遗产核心区域。

李玉花巾帼不让须眉，和队员们穿梭在崇山峻岭间，守护着祖国西南边境 1600 平方公里的森林，由于她时常穿着独龙毯做的衣服，被其他护林员亲切地称为"彩虹护林员"。

李玉花告诉记者，最近气温渐渐升高，很容易引起山林火灾。为了防止灾害发生，她和护林员小组长李志忠每天都会去农户家宣传进入森林的注意事项。

"李玉花是一名非常优秀的护林员，我第一次和她巡山时就对她刮目相看。"李志忠说，当天需要爬过一段很陡的山坡，很多男护林员这时都有点害怕和犹豫，但是李玉花第一个站出来爬过了山坡，并且还鼓励其他男护林员。

"大家都觉得李玉花很勇敢，也很佩服她。在很多方面她都不输其他男护林员。"李志忠说。

在日复一日的巡山工作中，李玉花克服了对蛇鼠虫蚁的恐惧，也锻炼了自己的脚力，成了名副其实的"女汉子"。

从人均年收入两千多元到率先脱贫

古有木兰替父从军，今有玉花为家护林。小时候因为家里贫穷，李玉花早早就辍学回家务农。成家后，一家人仅靠传统农业维持生计，2015 年，人均年收入仅有 2000 多元。

自当上生态护林员后，李玉花每天和队员们巡山护林，寒来暑往守护着绿水青山，家庭情况逐渐有好转。谈起当时成为护林员的初衷时，李玉花感慨万千。

"没有这份工作，可能我们全家还在贫困之中。刚开始是因为政策扶持，每个建档立卡贫困户都安排一名护林员，我家因为父母年龄都比较大，所以只有我适合当护林员。"李玉花说。

独龙江乡地貌特殊，崇山峻岭、丛林密布，作为当时唯一的一位女护林员，李玉花对从事生态护林工作感触良多。她告诉记者，在巡山时常常会遇到危险，一年下来会遇到十几次毒蛇，磕磕碰碰更是常事。

巡山之路异常艰辛，饿了就只能吃点干粮充饥，累了只能席地而坐稍作休整，最远巡山路程需要两三天，最近的也需要一整天。

"刚开始做巡山工作的时候，对于女性来说比较艰苦一点，因为路况也不怎么好，需要爬比较危险的悬崖。差不多两年以后我也就适应了，现在他们能走多远我也能走多远了。"李玉花笑着说。

◆ 李玉花在深山茂林中巡逻

这些年，李玉花一家凭着生态护林员这份工作，全家 5 口人均纯收入从 2015 年的 2447 元增加到 2020 年的 11281 元，2018 年在全村率先脱贫，全家人过上了幸福安康的生活。

带动群众发展生态产业致富

巡山工作虽然辛苦，但李玉花学着苦中作乐，她在巡山过程中，一边走一边注意观察山林里的动植物，通过向身边同事、向书本学习等方式，不断学习国家重点保护动植物名录，熟练掌握了管护区内分布的动植物情况。

"我当了这么多年（护林员）才发现，独龙江乡有很多珍贵的野生药材，还有国家级保护的动物和植物，我感到特别的骄傲，也觉得当初选择成为一名护林员是没错的。"李玉花说。

"家人非常支持她的工作，她成为守护独龙江青山绿水的一员，我们为她骄傲。另外，她当护林员每个月也有稳定的收入，也增加了我们全家的经济收入。"李玉花母亲李文仕说。

据统计，自李玉花当上护林员以来，参与各类宣传活动 100 多次，粘贴警示标语、标牌等近 300 张，为农户野生动物肇事受灾情况走访、照相、登记近 80 次。近年来，管辖区域内没有发生过偷砍盗伐、偷捕盗猎、森林火灾等破坏森林资源的情况。

同村的李春兰几年前丈夫因车祸不幸去世，家里的重担全部压在她一人身上。心思细腻的李玉花看到了李春兰的艰辛后，经常去李春兰家帮助干农活，安抚她尽快走出阴霾，坚强面对生活。

在新一轮护林员选聘时，李春兰被选聘为生态护林员，有了固定收入以后，李春兰脸上露出了久违的笑容。"现在收入也稳定了，生活也改变了很多。感谢党的好政策，感谢政府的帮扶。"李春兰说。

李玉花脱贫后，没有独自享受发展产业带来的红利，而是利用近年所学，发动周边群众学习草果、黄精果、葛根、重楼、茶苗、养蜂等种养技术。在产蜜季节，邀请当地群众参与割蜜、过滤、出售等环节，了解发展生态产业带来的实惠，为迪政当村整村脱贫起到示范带头作用。

2018年年底，独龙江乡贫困发生率从2011年的71%下降至2.63%，独龙族整族脱贫，2020年独龙江乡贫困发生率降至零，实现了一步跨千年的历史"蝶变"。

"村里好多老百姓在种黄精和茶叶的过程中遇到不会的问题都会来问我，我会跟他们讲应该怎么种。我们这个（熊当）小组里面，现在差不多每家每户都有了自己的产业，我希望大家一起把这些产业做好，大家一起赚钱。"李玉花说，脱贫只是第一步，更好的日子还在后头。

日前，李玉花站上了中央电视台"闪亮的名字——最美生态护林员"发布及颁奖仪式舞台，作为全国20个荣获最美生态护林员称号的基层护林员，她代表云南18.3万名生态护林员，接受了由中央宣传部、国家林业和草原局、财政部、国家乡村振兴局联合颁发的"最美生态护林员"证书。

"对我来说，生态护林员不仅仅是带来一份稳定的收入，更是爱护家乡的一种责任，今后我会继续守护好我们的山林，让家乡的人都可以享受到绿水青山带来的生态红利。"李玉花对未来信心满满。

云南网 2021年6月30日

最美生态护林员

吴树养

ZUIMEI
SHENGTAI
HULINYUAN

吴树养：让平凡的人生
在护林工作中闪光

吴树养，瑶族，现年48岁，小学文化程度，2015年被列为建档立卡贫困户，2017年聘为九龙江森林公园九龙瑶族村生态护林员。他牢记护林员使命，认真履行职责，危急时刻总能够冲锋在前，为九龙瑶族村的护林事业作出了突出贡献，确保了林区平安，被群众誉为"绿水青山的守护者"。

爱岗敬业，掌握林情不留死角。吴树养凭着一双铁腿，跑遍了九龙瑶族村林区的角角落落，每一条山梁，每一道山沟，每一片林地，对每个林班，每个小班的地理位置、面积、林木种类及地形地貌、森林资源状况等都了然于胸，被村民誉为林区的"活地图"。

走农串户，宣传知识全覆盖。在森林防火期间，为保护森林资源安全，维护森林资源秩序，吴树养不断通过宣传入手，通过书写、张贴标语、树立标牌、发放森林防火村规民约、走家串户等多种形式，对周边村民进行林业政策和法律法规的宣传。通过耐心细致巡护工作，自己所管护森林资源历年来没有一起火情火警发生，使广大农民群众逐步提高了爱林护林和保护生态的意识，在林缘村组中形成了保护绿水青山的浓厚氛围，为生态护林工作顺利开展奠定了坚实的群众基础。

不畏辛劳，防火巡逻坚持常态。九龙瑶族村是九龙江森林公园防火工作的重中之重，护林员每天都要到全村各个村落开展巡山防火。为更好落实责任，吴树养每天清晨天刚亮就拿上喇叭，骑上摩托车，沿着山路一边啃干粮一边用喇叭喊话宣传，等太阳出来，他已经走遍了辖区内的几个自然村。2020 年 4 月 2 日，九龙瑶族村中山组一户家里正在办丧事，要焚烧大量的纸钱，坟地正好位于片林边缘。吴树养巡查时正好遇到了，这下可把他给难住了。这不管吧，引发火灾后果不堪设想；这管吧，村民不理解，怎么办呢？他想来想去决定还是要坚决管住。他动员其他生态护林员一起来协助值勤，主动与当地村民协商，晓之以理，动之以情，说服他们远离片林焚烧纸钱、燃放鞭炮，他自己一直守候在现场，直到丧事办完为止。

◆ 吴树养在林地里劳作

身先士卒，危急时刻冲锋在前。为增强救火应急能力，九龙瑶族村选拔了一部分身强体壮的青年组成了民兵应急分队，吴树养自告奋勇成了民兵应急分队队员，果敢地承担起救火队员的重任。2019年国庆节期间的一天，在附近的三江口村大山上冒起阵阵浓烟，顿时引起了县、镇领导的高度关注，九龙江森林公园管理处领导当即命令九龙瑶族村应急分队开往事故现场救火。吴树养接到命令后扔下饭碗，飞奔现场，可到了山脚才发现，这里山高林密，坡陡路险，人迹罕至，从山脚到山顶没有公路，全是崎岖的山路，很多地段根本就没有路。这下人们可犯愁了，怎么办？危急时刻，吴树养站出来了，他对在场的领导说："火灾就是命令，行动刻不容缓，我对这里的情况比较熟悉，还是让我带几个人上吧。"管理处领导思量再三，同意了吴树养的请求，并派了应急队员陪同前往。刚达到事故现场，顾不上休息，他就组织人员立即投入扑火工作，因为扑救及时，火灾很快被扑灭。除此之外，吴树养还多次参加了文明乡、三江口镇、庐阳镇的救火行动，每一次他都冲锋在前，休息在后，为护林防火工作立下了汗马功劳，赢得了领导和群众的一致好评。

致富不忘贫困户。2017年成为生态护林员后，吴树养利用自己林地多、耕地少的现实情况，通过请教当地林农专家，最终选择种植白毛茶，并在林下养殖蜜蜂、鸡、鸭等。通过自己的辛勤劳动，如今每亩林地每年纯利润达3万元，吴树养的生活越来越红火。"独木不成林。"善良的吴树养想带领更多的人一起脱贫致富，他利用自己的技术优势和市场优势，联合当地贫困户通过土地入股、务工入股，贫困户获得的利润约占总利润的60%。通过一系列措施，带动当地群众的年人均纯收入达8万元，赢得了群众的一致好评。

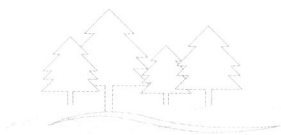

吴树养：大山里的快乐，
你们根本想象不到

◎ 李　璐

对于生态护林员吴树养来说，大山里的快乐，你们根本想象不到。眼前的这个汉子笑容朴实，身材小巧，但身手十分灵活。腰挎一把砍柴刀，身着全套迷彩装，就能大步迈向他的"快乐星球"：在湖南省汝城县九龙瑶族村拥有的500多公顷山林里，每一株杉木和松树都像老朋友一样，吴树养十分亲切熟悉，还有獐子留下的脚印，骑摩托偶遇眼镜蛇，和丛林里野猪远远地对望……

说起大山里的故事，55岁的吴树养眼神里，总是充满着少年一般的光芒。"我每一次上山都感觉很有乐趣，你看山里空气多好，我非常喜欢这份工作。"吴树养攥着满是茧子的手，望着这片山，满是笑意。

以山为伴，乐趣十足

汝城县九龙瑶族村地处罗霄山脉和南岭山脉交界，与九龙江国家森林公园数万公顷林海毗连一体。九龙村山高林密，生态环境良好，许多野生动物在这里繁衍栖息。

每天清晨天刚亮，吴树养就全副武装出发了。等到阳光洒满山林，吴树养已经走遍了辖区内的几个山头。2017 年，踏实勤恳的吴树养被聘为村里的生态护林员，每年可以增加 1 万元收入。作为建档立卡贫困户的他，生活多了一份安稳，也多了一份责任与担当。

以山为伴，他乐趣十足，这里的每一寸空气，都令他感到快乐。

"有时候巡山会遇到很多叫不上名字的野生动物，它们有的个头比较大，像鹿一样有角，机敏而警惕，隔很远我就看见它们，它们经常是看我一眼，下一秒就嗖的一下跑走了。"

万物有灵且美：偶遇野猪、眼镜蛇的日常

近年来，湖南省林业部门坚决打击非法捕杀野生动物等违法犯罪行为，并且颇有成效。对此，吴树养深有感触，因为这几年，自己经常在山上遇到野猪。"小野猪就像小狗崽那么大，和它的母亲走远了，远处的雌野猪听到人的动静，就会发出叫声，呼唤小猪回到身边。"

动物也有自己的一套处世之道，人类不干涉，就是对其最好的保护。巡山路上，吴树养最害怕的是遇见蛇。最危险的一次，吴树养骑着摩托车，忽然发现斜前方有一条碗口粗、黑白纹相间的眼镜蛇。眼镜蛇见到人，瞬间感到"被冒犯"，身体前段支棱起来，颈部皮褶撑开，一副攻击性十足的态势。吴树养见状，心里一惊，随即避免眼神对视，赶紧骑车从旁边的路飞速逃离。"我们这里生态环境好，所以有蛇也很正常，遇到了赶紧跑开，一般都不会有事。"

徒步巡山林　慧眼识陷阱

　　吴树养住在山上，熟悉这山里的每一棵树，每一束花。以前，老鹰叼走了他养的鸡，他也不恼，只是不养鸡了。每次和动物的会面，总是默默对望一眼就走开。不打扰，是他对这片山林最贴心的温柔。

　　"以前总有外地的跑到我们这里来打野猪，现在基本没有了。"吴树养认真地比画，如果是抓大型动物的陷阱，势必要挖很大的坑，哪怕用树叶树枝掩盖了，也会和平常有不一样的痕迹，普通人不一定能看出来，但他能。

　　练就了一手"慧眼识陷阱"本领的吴树养，巡山路上会特别留意寻找山场里的捕兽夹和陷阱。多年以来，他已经在山里找到了几十个兽夹。

　　"这是我种的柚子树，开花了，这时候不能剪枝，要开花之前才修剪……我们这里的山上都是杉树、松树。"吴树养带着我们在山林里穿行，指

◆ 吴树养在巡山护林途中

113

着丛林边的一处痕迹，"这是黄獐的脚印，喏，你看它是跳着走的"。

这些大自然里才能捕捉到的细节，令人慨叹，万物真是既聪慧又奇妙。

山林守卫者：多年来未发生一起火情

跑遍了九龙瑶族村林区的角角落落，吴树养对每一条山梁，每一道山沟，每一片林地，每个林班，每个小班的地理位置、面积、林木种类及地形地貌、森林资源状况等都了然于胸，村民们都称他为"活地图"。

"千万别在外边点火、放鞭炮啊。""烧火龙（当地话，意为烧田坎）不小心烧到山上就麻烦了，又罚款又坐牢。"……每次外出巡护，遇到村民，吴树养都不忘叮嘱一句。村民们也很愿意听吴树养的"唠叨"。

吴树养说，也没有什么秘诀，就是跟村民们处好关系。

"平时巡山的时候，我遇到村民都是笑脸打招呼，也会帮一些村民把家里的土特产带到镇上售卖，尤其是一些行走不便的老人家，我去得更勤一些。所以，每次大家见了我都会很热情地说'你又来了呀'，还拉着我一起聊天，遇上饭点还非得拉着去家里吃饭，关系就这么建立起来了。我跟村民们宣传护林防火、保护野生动物的时候，他们很自然地就接受了。"

寒来暑往，吴树养每天跋山涉水路途不少于50里，每年磨破底子的解放鞋至少有10多双，而吴树养守护的山林无一起森林火情和生态侵害发生。

至美至真　与大自然和谐相处

　　吴树养妻子在九龙江国家森林公园做保洁，两个孩子都在上学，孩子们有时也和他一起进山，但是都没有吴树养爬山爬得快。守着这片山，吴树养日子过得简单又幸福。

　　此前，吴树养被授予全国"最美生态护林员"荣誉称号，全国仅20人获此殊荣。"对于获得这份荣誉，我感到非常激动。如果可以，这份工作我想一直干下去，守护这片山林，守护好我们的绿水青山。"

　　采访的尾声，远处传来一声鸟鸣，吴树养眼前一亮，笑着说："你听，有老鹰在叫。"我们诚然无法分辨这些声音，但是可以感受到这位护林员每天从大自然收获到的满足与快乐。

　　吉米·哈利在《万物有灵且美》中写道："活泼的生命完全无须借助魔法，便能对我们述说至美至真的故事。大自然的真实面貌，比起诗人所能描摹的境界，更要美上千百倍。"绽放的生命，不断向前奔跑。人与自然和谐相处的意义就在于此。

　　眷恋这片山林的吴树养，是最懂得这个道理的人。

红网 2021 年 4 月 18 日

最美生态护林员

岳定国

ZUIMEI

SHENGTAI

HULINYUAN

岳定国：定国大变样了

　　岳定国，汉族，中共党员，现年 53 岁，山西省平陆县洪池乡南王村人。2016 年确定为建档立卡贫困户。2016 年全乡招聘贫困户生态护林员时，经个人申请、村委会推荐、乡政府审核、县局复核后，被聘任为生态护林员，经培训后于 2017 年 1 月 1 日上岗至今。

　　参与管护工作前，岳定国因妻子患病、子女还要上学，日常开销较大，导致对生活失去了信心。被聘为生态护林员后，岳定国有了一年 1 万元的管护劳务费，让他重新燃起了生活的信心。护林员责任不小，上任伊始，由于对林区情况不熟，他就和同事一起深入到群众家中，认真细致了解山情、林情和村情，坚持每天巡山查林，跑遍了辖区的每一条山梁、每一道山沟、每一片林地，对每个林班、每个小班的地理位置、面积、林木种类等都熟记于心。

　　在 4 年的管护工作期间，岳定国对邻近林区和村庄的放牧人员、田主、坟主和智力残疾人员全部进行登记造册。虽然文化不高，但他做事认真，每年都要挨家挨户上门宣传森林法、森林防火知识并进行耐心讲解，使广大村民逐步提高了爱林、护林和保护生态环境的意识，在该村形成了保护森林资源、警钟长鸣的浓厚氛围，为护

◆ 岳定国（右）宣传森林防火知识

林工作的顺利开展奠定了坚实的群众基础。经考核，岳定国每月巡护在 25 天以上，GPS 巡护平台达标率 100%，巡护日记记录规范。在他付出辛勤工作后，管护区域内再没有牛羊啃食的痕迹，再也没有了村里老百姓采药的身影。

对生活充满信心的他，在巡护任务完成以后，重新拾起了家里的农活，利用护林员工资购置化肥种植苹果树，如今家里的外债已经还清。用他的话说，如果没有参与生态护林工作，没有每年 1 万元的管护劳务费，就没有现在的他。全村人都说"定国大变样了"。

岳定国尽心尽力、尽职尽责，深得领导和群众的一致好评。他经常说："干一行爱一行，咱们干生态护员，就要对得起这项工作，守护好我们身边的这片绿色。"

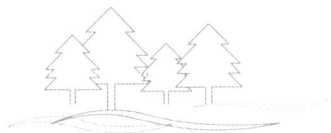

岳定国：用满腔心血
守护绵延青山

◎ 雷登攀

近日，中央宣传部、国家林业和草原局、财政部、国家乡村振兴局在全国遴选出 20 名最美生态护林员，并向全社会公开发布他们的先进事迹。山西省平陆县洪池乡 53 岁的生态护林员岳定国获"最美生态护林员"称号，并在北京参加"闪亮的名字"最美生态护林员发布仪式，也是 20 位获奖者中唯一的山西面孔。

岳定国，山西省平陆县洪池乡南王村人，2016 年 11 月被确定为建档立卡贫困户，2017 年 1 月被聘为洪池乡生态管护员。近年来，在平陆县林业局、洪池乡政府的帮扶下，岳定国兢兢业业，尽职尽责，依靠个人努力，不仅高标准率先脱了贫，还多次获得"优秀护林员"荣誉称号。

摆脱阴霾　阳光照他前行

　　岳定国是一名老党员，曾在南王村担任多年村干部，为村里奉献了半辈子。2016年4月，岳定国爱人罹患食道癌，在北京住院治疗期间，5个月花费了50万余元，不仅掏空了家底，还欠了一身债务，到最后人也没保住。妻子的离世，以及沉重的家庭负担，压垮了岳定国的精神支撑，他有两个月不出家门，几乎不与人交流。彼时，全村人都替他捏把汗，担心"定国这家人完了"。

　　"决不能让岳定国一家在脱贫攻坚的道路上掉队"。

　　南王村"两委"积极联系，研究帮扶方案，于2016年11月将岳定国纳入建档立卡贫困户。2016年年底，县林业局、洪池乡政府通过一系列选聘程序，将他聘为洪池乡生态管护员。

　　工作之初，岳定国的思想还转不过弯来，前两个月巡护工作不达标，巡护日记也没能按时记录，乡林业站负责人发现问题后，与村"两委"商议，主动耐心地做岳定国的思想工作："现在党的政策好，不会落下任何一个人。成了管护员，就有固定收入，建档立卡后，孩子上学也有各项政策扶持，生活还是大有奔头的。有困难随时找乡里，我们义不容辞。"

　　经过那次谈话，岳定国的思想负担渐渐卸下了，巡护工作连续达标，巡护日记按期完成，生活逐步迈入正轨。2017年年底，岳定国凭着辛勤付出，率先脱贫，在获得固定的生态管护员工资外，农地收入8万余元，生活好了，精气神也足了，现在全村人都说"定国大变样了"。

秉持党性　信仰使他坚守

春雨秋风，夏花冬雪。经过近 3 年的生态管护员工作磨砺，岳定国已是一名优秀的森林生态管护员。每年的森林防火特险期，他都主动请缨，说自己是共产党员，不能只享组织的福，不报组织的恩，要求去山上守卡，去全乡最重要的防火地点执勤。"干一行爱一行，咱干生态管护员，就要对得起这份工作，对得起这个称号，现在党的政策这么好，没有组织的关心爱护，就没有现在的我，绝对不能辜负组织的信赖。"岳定国说。

经岳定国多次申请，洪池乡林业站把他调整到重点管护区西岭门片区，管护面积 509.1 亩，管护区有油松、侧柏、刺槐、山杏、核

◆ 岳定国（右）入户宣传林草政策

122

桃等多种树种，为 20 世纪 70 年代全乡群众造的林，树龄 50 余年。不仅如此，该区还有红腹锦鸡、野鸡、野猪等多类野生动物，防火任务重，守护责任大。自调整到新管护区以来，岳定国多次到邻近的林场村、西郑村，和当地村民耐心交谈，宣讲护林公约、森林防火知识等，尤其对牛羊牧工、坟主、田主等，更是耐心说服教育，为护林工作顺利开展奠定了坚实的群众基础。

如今，由岳定国管护的区域几乎没有牛羊啃食的痕迹，也没有当地村民采药采花的身影，切实形成了保护森林资源、森林防火警钟长鸣的浓厚氛围。

爱岗敬业　无畏让他勇敢

2021 年 1 月，岳定国例行巡护西岭门林区，发现林场村村民李康康在柏树林区放牧，便立即上前劝阻。李康康不懂政策，恶语相向，岳定国耐心劝说，坚持原则，直到李康康将自家的羊群赶走。待巡护结束后，岳定国联系林场村村干部亲自到李康康家，推心置腹地向他宣讲林业有关法规，告知他保护林地是造福子孙后代的大事。现在，李康康已经成为义务生态管护员，时常劝阻村民不要进入林区放羊。

2021 年 2 月，岳定国在西岭门林区巡护结束准备回家时，发现林场村村民吴卫平骑车去他父亲坟头，就跟了过去。看到吴卫平拿纸钱准备烧纸，立马上前制止。吴卫平不耐烦地说："谁过年不给先人烧纸，坏了风气你可负不起责。"岳定国一边帮他收拾东西，一边告诉他，祭祖确实是中华民族几千年的传统文化，但方式有很多，栽树献花都可以，在林区烧纸，引起火灾是要承担法律责任的。一番语重心长的话语，吴卫平终于意识到自己行为的不对，主动把祭物埋在土里，并表示要谨记教训，再也不会鲁莽行事了。

自成为护林员以来，岳定国凭着一颗强烈的事业心和责任心，一种积极进取、开拓进步的决心和勇气，4 年如一日，在平凡的岗位上，踏踏实实做事、默默无闻奉献，用自己的心血守护着绵延青山，用实际行动践行着"绿水青山就是金山银山"的理念。

清明时节，春雨纷纷。"风里雨里，我只为守护青山安全。"站在管护区的最高处，岳定国坚定地望着远方。

《运城日报》2021 年 4 月 6 日

最美生态护林员

庞金龙

ZUIMEI
SHENGTAI
HULINYUAN

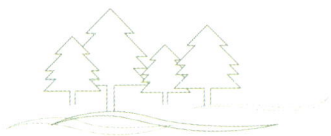

庞金龙：坚信未来一定会过上好日子

　　家住内蒙古自治区兴安盟突泉县六户镇和胜村的生态护林员庞金龙，现年56岁，因家庭贫困于2017年被聘为建档立卡贫困人口生态护林员。

　　说起生态护林员工作，庞金龙非常熟悉。成为建档立卡贫困户前，庞金龙干了多年的护林工作，也就是俗称的"看青"。新身份干着老职业，内心充满了热情，他每天都巡逻在管护区内。"没办法，身体不好才成了贫困户，成为护林员让我找到了自信，发现自己还是能干点啥，我一定要把它干好。"庞金龙是这么说的，也是这么做的，他始终认为通过自己的努力，一定会照顾好自己的家庭，会把日子过好。生态护林员政策的实施，让他看到了希望。

　　和胜村是农业大村，退耕还林等造林项目多，禁牧任务也比较艰巨。仅2017年，庞金龙就及时劝阻放牧人员70多次。多次上门宣传政策，敢于啃硬骨头，随时留意辖区内放牧的牛群、羊群，对那些思想顽固、不听劝阻的放牧户，庞金龙在做到及时劝阻、宣传

◆ 庞金龙与他人交流生态管护技术

有关政策的同时，不忘报告森林公安和乡政府有关部门，切实做好巡护工作。在他的带领下，和胜村护林员队伍会巡护、能扑火，成为镇政府、林业站最为得力的队伍之一。

2017年4月的一天上午，正常巡护的庞金龙发现一辆白色轿车从刘屯黄土坑山上急冲下来，奔屯里疾驰而去。他立即觉得不对劲，马上开三轮车去查看，发现柠条旁的坟地因上坟起火，已经引燃了周边林地可燃物，借助风力，火势不断扩大。庞金龙立即报告村委并组织护林员作为第一批救火人员上去扑火，经过护林员们的奋力扑火和村委的精心组织，中午12点左右，明火扑灭，火情得到了有效控制。正是庞金龙的及时发现，为扑灭火灾奠定了基础。明火扑灭后，庞金龙带领队员打扫火场，又经过半天的看护确认火情完全熄灭后，庞金龙才带队撤离。

2018年5月2日，庞金龙发现荆家屯垃圾场起火，他立即组织队员到现场进行灭火。由于火场环境复杂、可燃物多，当天的风势较大，不适合人工扑灭，庞金龙就组织护林队伍在火场外围进行看护，防止火场进一步扩大。直到村里出动铲车等机械设备扑灭火后，庞金龙又组织队员在火场看护了一天，确保火情不再反复。

生活中，巡护时，庞金龙总是笑呵呵的，为人处世憨厚实在，对工作和生活充满热情，生活的困难没能打倒他。他坚信，通过自己的努力，未来一定会过上好日子。

庞金龙：我热爱林业工作，对做好林业工作有信心

◎ 胡日查　高敏娜　张　佳

2021 年 4 月 1 日，在中央电视台举行的"闪亮的名字——最美生态护林员"发布及颁奖仪式上，全国 20 人获评"最美生态护林员"，兴安盟突泉县生态护林员庞金龙成为内蒙古自治区唯一获此殊荣的生态护林员。

1 台破旧电动三轮车、1 台风力灭火机、1 根打火把，还有扫把、工作服，这就是庞金龙巡护山林的标准配置。庞金龙说："现在我们采取 2 人结对上山，每天巡山时间不低于 6 个小时，天气冷的时候就多穿点，现在是防火季，不能掉以轻心。"

早些年，庞金龙一家三口长期在外务工。6 年前，庞金龙患上腰椎变形疾病，一家人被迫搬回了老家突泉县六户镇和胜村。由于庞金龙无法从事体力劳动，家里的日子每况愈下。2015 年，他家被识别为建档立卡贫困户。2017 年，突泉县开展生态护林员选聘，看到公告后，庞金龙随即向村委会提出了申请。

◆ 庞金龙在林地里修剪果树

　　当时，他向考察的工作人员承诺说："我热爱林业工作，对做好林业工作有信心。"3 年来，庞金龙在平凡的生态护林员岗位上默默奉献，尽职尽责，深受干部群众称赞。

　　庞金龙不仅多次参加县扶贫部门组织的"创业致富带头人"培训班学习，还多次外出学习种养技术。在政府的扶持下，2017 年，他用 1 万元的护林员工资购买了 7 只小尾寒羊，还承包了林地种植果树，当年底，他家人均收入达到 6000 余元。如今，他家已经成为当地有名的产业脱贫示范户。

《内蒙古日报》2021 年 4 月 21 日

陶久林

ZUIMEI
SHENGTAI
HULINYUAN

最美生态护林员

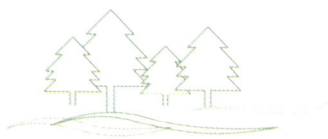

陶久林：在平凡的巡山 管护岗位带领群众脱贫致富

　　家住秦巴山区腹地的陶久林，自 2017 年被选聘为生态护林员以来，勇于争当森林资源的"守护者"，甘于争做帮助群众的"贴心人"，在平凡的巡山管护岗位上，讲述了既率先致富又带领群众脱贫的生动故事，先后荣获商洛市优秀生态护林员、陕西省首届"最美生态卫士"。

　　他勤奋好学，力争变成生态保护的"土行家"。自从选聘为生态护林员，陶久林便把学习放在首位，认真学习林业知识，积极参加各种培训，很快熟悉了《中华人民共和国森林法》《森林防火条例》等林业法律法规，明白了护林员工作职责、具体任务和有关要求，清楚了如何巡山管护、如何处理具体问题，同时把护林员岗位职责牢记于心，把林业法律法规、有关政策及林业知识讲给群众听，争取群众的支持与理解。由于自身的好学和钻研，很快便由一无所知的"大老粗"变成了有模有样的"土行家"。

　　他立足本职，勇于争当森林资源的"守护者"。自从当生态护林员的第一天起，陶久林便把巡好山、护好林、管好资源作为自己的神圣职责，并立志做一名合格的山林"守护者"。他管护的责任区面积大，交通条件不太好，管理比较困难，但他从不怕苦、从不怕累、从不怕难，每月平均巡山 23 天以上，特

◆ 陶久林在香菇大棚里劳动

别是在森林资源管理的关键期及森林防火戒严期，他几乎天天在山上巡查。他发现有砍树的马上问是否有采伐许可证，教育他们不能乱砍滥伐；遇到烧地边的，立即制止并把森林防火"十不准"条例讲给他们听；遇到清明节、春节上坟祭祖的，他户户宣传，注意用火安全，倡导文明祭祀；遇到陌生人进村，首先问他干什么，并告知他不能带火入山，不能收购林木，禁止乱捕乱猎。自从当护林员以来，他的责任区没有发生破坏森林资源行为，林区资源越来越好。

他带头致富，甘于争做群众邻居的"贴心人"。陶久林责任心强，公益林补偿户有的信息错误、人不在钱打不出去，他想尽一切办法在第一时间联系到本人，把错误信息进行更正，把钱及时付给群众。他自我要求严格，将自己视为贫困户中的"带头人"，积极参与全市开展的生态护林员"三个一"创建活动，带头学习中药材

种植及香菇种植技术，带头种植桔梗 4 亩，种植袋料香菇 4 万多袋，积极参加核桃种植合作社，发展良种核桃 2 亩并学会了核桃高接技术。通过自己的努力，2018 年家庭收入达 3 万多元，人均纯收入达 8000 元以上，提前脱了贫。陶久林致富不忘村里人，带领村里群众和邻居积极发展香菇种植，免费给他们进行技术指导，为邻居嫁接核桃，提供市场信息，解决生产困难，村里一大批贫困群众通过发展产业致了富。

陶久林：当好秦岭的生态卫士

◎ 赵　侠

陶久林是陕西省商南县过风楼镇八里坡村的生态护林员。他负责金丝峡森林公园边缘、陕西省新开岭保护区腹地的护林任务。由于地理位置特殊，护林责任重大。多年来，他用脚印反复丈量着责任区每一寸林地，用真情宣传着每一项林业政策，所管辖的3000多亩森林没有发生大的森林火灾和刑事案件。

说起当生态护林员的事，陶久林还有点难为情。2015年，陶久林一家被认定为贫困户。戴上贫困户的帽子，陶久林很难受，觉得低人一等。有一次，他在村中散步，无意中看见村委会的公告栏上贴着选拔生态护林员的公告。要求本人为贫困群众，年轻力壮、吃苦耐劳，陶久林当即决定报名试试。

收到陶久林的申请后，村里考察其各方面都符合要求，通过民主投票决定由他担任八里坡村磨子洼组生态护林员。

开始以为护林员就是巡山，难以忍耐的大概就是林中寂寞。但他工作一段时间后才知道，比寂寞更难忍受的是做村民的宣传工作。

春夏耕作时，清明和春节，旅游旺季，只要看到有人进山，陶久林就会向他们宣传进入林区不要用火。尤其是春耕生产的时候，更是劝阻大家千万不要烧地里的杂草。乡里乡亲的，刚开始说不出口就硬着头皮宣传。特别是由于他铁面无私，先后处理了大大小小的乱伐林木事件30多起，得罪了一大半村民。虽然难过、委屈，但是想到这是自己的职责，他又初心依旧。时间久了，他用这股较真劲将责任区的林子护好了，得到了村民的理解，大家都开始配合他的护林工作。

陶久林负责管护的山林面积达2000亩，为了巡山他已经走坏了10多双鞋，10多本巡山日志上也都记得满满的。在陶久林的精心管护下，山林越来越茂盛，从没有发生过一起森林火灾。

熟悉了这里的一草一木，陶久林也成为半个林业专家。哪棵树叶子发黄，哪个地方林子有什么变化，会不会是有了病虫害，新发现了一种什么动植物，等等，他都会在第一时间报告林业部门。

要想保护好林子，还得让大家有挣钱的门道，这样大家就不会总想着往林子里钻了。八里坡村素来有种植香菇的传统，近年来全村将种植香菇作为扶贫产业。以前香菇菌袋里的木屑都是通过砍伐周边的林木获得的，对森林危害很大。陶久林就开始思索怎样做才能既种好香菇，又不破坏森林。

带着这个问题，陶久林咨询了县上的专家，了解到关中地区的果树需要经常修剪枝丫，这些枝丫可以做成木屑。这样一来，既不用乱砍滥伐林木，还能发展香菇产业。陶久林积极联系制作菌包的客商。在他的号召下，磨子沣组村民开始使用关中地区的菌包，积极种植香菇。

◆ 陶久林检查菌包生长情况

　　每年 6000 元的生态护林员补贴，加上种植香菇年收入 5 万元，护林员岗位不仅改变了他的生活，更给了他彰显自我价值的平台。他不仅是护林员，还成为村里的香菇种植技术员。邻居有啥问题，都去问老陶。

　　被中央宣传部、国家林业和草原局、财政部、国家乡村振兴局评选为"最美生态护林员"后，陶久林感到这既是荣誉，也是压力。他说："感谢党和政府给了我这份工作，让我成功脱贫，还活出了自己的尊严。"

　　陶久林表示，他要更加努力当好秦岭生态卫士，守护绿水青山。他说，要把青山绿水保护好，让子孙后代都能受益，在空气清新、山清水秀的环境里生活，这也是所有林业人的愿望。

《中国绿色时报》2021 年 5 月 19 日

最美生态护林员

贾尼玛

ZUIMEI
SHENGTAI
HULINYUAN

贾尼玛：心系松多　坚守大山

　　穿越山岭，以山为家，以林为伴。虽从事森林管护员只有 4 年的时间，但他却选择了这里面积最大、交通最为不便、地形最为复杂的山区，默默无闻地奉献着自己的青春，换来了近 10 万亩山林无火灾。他就是青海省互助土族县松多乡松多村生态护林员贾尼玛，一个心系松多、扎根深山的"护绿使者"。

　　贾尼玛，1970 年生，藏族，家中人口有 4 人，2015 年识别为建档立卡贫困户，现任松多林区生态护林员，管护区域为科胜片区西卡戳。自成为林场生态护林员以来，贾尼玛以高度的责任心和义务感，紧抓森林资源管护工作不放松，依法治林、依法护林，确保了林区森林资源的稳定，为保护林场森林资源作出了积极贡献，得到了领导和同志们的好评。

　　松多林场位于互助土族自治县，属半浅半脑山地区，林区海拔最高 4265 米，最低 2500 米。林区内科胜区域面积大，海拔高，道路崎岖，条件十分艰苦，这里也是林区的主要绿色屏障。在分配管护区域时，几乎没有一个人愿意到这里，贾尼玛却说道："作为一名护林员，都是靠山吃山，这山可是我们的生命线呀！如果大家都

◆ 贾尼玛（中）与其他生态护林员一起巡山

不去这片地方，那家园怎么能守护好呢？你们不去，我去！"于是，他便毫不犹豫，把科胜的每一片山林当成了自己的心肝宝贝。只要天气晴好，他就每天坚持巡山，一去就要一天，走 30 里山路是常有的事，伴随在身上的只有一个矿泉水瓶和那顶磨破了的鸭舌帽，忍受着常人难以忍受的孤独寂寞、艰难困苦。由于林场护林员工作的特殊性，他长期不能与家人团聚，更别说享受法定节假日和双休日了。妻子和儿女经常埋怨他，他却默默承受着离别之苦，视工作为生命，经常吃在山里，风餐露宿、跋山涉水，穿荆棘，吃干粮。妻子开始并不理解他，还到林场反映过相关情况，可是当看到自己的丈夫为了守护山林做的所有工作和他守山坚毅的眼神，妻子最终还是选择了支持他。对于工作忙碌的贾尼玛而言，家人的理解和支持是他坚强的后盾。爱林胜爱家，一心扑在护林上，却从没有向组织提过任何要求，也从没有要求得到任何回报。

　　4 年来，贾尼玛不忘初心、牢记使命，不管任何时候都能兢兢业业，勤勤恳恳，任劳任怨，不计名利得失，服从安排，顾全大局，踏实地完成了组织交给的各项任务。所管辖区域没有发生过一起森林火灾，确保了林区森林资源安全。他把最美好的青春献给了林区事业，在平凡的岗位上做出了不平凡的业绩，也为自己多年来从事的这份工作绘下了美好的绿色画幅。

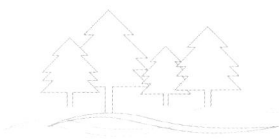

贾尼玛：呵护松多的片片绿色

◎ 周　芳

　　清晨，头戴一顶泛黄的羊毛帽、脚蹬一双老胶鞋，身上背着一包糌粑和防火宣传材料，加上一个铝水壶，52岁的藏民贾尼玛唱着山歌走进大山深处。虽然从事森林管护工作时间不长，但他却选择了林场面积最大、交通最为不便、地形最为复杂、海拔最高的山区进行巡护。

　　2017年，贾尼玛成为青海省互助土族自治县松多林场的一名护林员。尽管护林工作孤独寂寞，十分艰苦，但他无怨无悔。

　　他负责的管护区域为科胜片区西卡戳。松多林区海拔高，气候寒冷，自然条件差，属半农半牧地区，其中科胜区域面积最大，有近10万亩林地。作为林区的主要绿色屏障，在分配管护区域时，没人愿意到这里来。可贾尼玛不怕这里离家远，他常说："作为一名护林员，岗位职责不就是守护好这一片森林资源吗？这山可是我们的生命线啊，如果大家都不去，那子孙后代的家园怎么办？你们不去，我去！"他把科胜的每一片山林当成了宝贝，凭着坚定执着的信念，每天巡护，面对陡峭的山崖和静谧的山林，走 20 多公里山路是常有的事，脚步迈入大山，一去就要一天，甚至几天。

在没有成为护林员之前，贾尼玛就是当地出了名的"义务护林员"。他从小在林区长大，是土生土长的藏族汉子，小时候父亲就教育他要保护好这里的一草一木。"护林防火，人人有责"，这是他经常挂在嘴边的话，放牧路上只要遇到折柏树、在林区抽烟等违法行为的人，他便上前制止，并耐心说服教育。有群众问："这山又不是你的，何必这么认真？"他总是毫不犹豫地回答："我们都是世世代代生活在这里的人，更有责任保护好这里的一切！"他是这样说的，更是这样做的。有一次，村民将羊偷偷赶往封育区放牧，被贾尼玛发现，村民本想给他点儿好处，私下解决，可他毫不含糊地将羊群赶往林场，要求给予严肃处理。

刚走上工作岗位的那段日子，由于缺乏林业专业知识，他在工作中走了不少弯路，但凭着自己的勤奋好学，一有空闲时间，就拿出学习材料翻看，很快掌握了林业相关政策法规和其他基础知识。林场的培训班上总少不了他的身影，听一遍不会，他就听两遍、三遍。填写巡山日志也从不含糊，上面详细记录着他每天的所见所闻所感，虽然每页只有短短两三句话，但字里行间尽显责任心和担当精神。在巡护的路上，除了巡山记录本，他还随身带着笔记本，只要有学习的机会，便马上记录下来。政策文件看不懂，他就马上去林场找专业技术人员请教，并用通俗易懂的语言记录，随时随地准备宣传。通过自身努力，在成为护林行家里手的同时，他还通过一系列的生态扶贫措施改善了自家的经济条件，并带动了附近的村民增收致富。

由于护林员工作的特殊性，加之他的管护区域较远，几年来，他长期不能与家人团聚，更别说享受法定节假日和双休日了，妻子和两个儿子经常埋怨他。冬日的林区天干物燥、银装素裹，每天天不亮，他就伴随着踏雪的咯吱声，身穿迷彩护林服开启了一天的巡山

◆ 贾尼玛在开展护林工作

之旅。等阳光洒满山林，他已经巡视了辖区的各主要入山路口。深入山区后，他经常是跋山涉水，累了就在山坡上席地而坐，饿了就吃随身带的糌粑、馍馍，水壶里的水喝完了，就拿石头砸下一块冰解渴。山路不好走，巡护到晚上，贾尼玛只能借宿在牧民盖在山腰上的羊圈房里，里面除了一张炕，没有其他东西。妻子开始并不理解他，还到林场反映过相关情况，可当她看到丈夫坚守大山坚毅的眼神，最终选择了支持他。对于工作忙碌的贾尼玛而言，家人的理解和支持是他坚强的后盾，爱林胜爱家，他一心扑在护林上，从未提过任何要求，也从未要求得到任何回报。

每年的春节、清明节、重阳节等节日，都是防火关键期。特别是清明节，当地群众都有上坟烧纸的习俗，极易引发森林火灾，防

火压力一年到头都很重。万家团圆的日子，贾尼玛从不休息，他说："重点时段的防火一定不能放松，如果不在现场看着，我心里不踏实啊！"于是，坚守阵地的他不畏艰难，一处处排查防火隐患，一轮轮宣传防火措施。作为东岔管护站组长的他，会在节前几天带领护林员下村入户，宣传林业防火常识，不厌其烦地讲解爱林护林相关知识。对于贾尼玛来说，他身上担负的责任不仅是自己负责的区域，而且是松多的每一寸土地。几年的护林工作中，他跑遍了辖区的每一条山梁、每一道山沟，每一片林地，对每个林班、小班的地理位置、面积、林木种类等都熟记于心。一次，贾尼玛和同事们雪后巡山，山上薄薄的积雪为半消半融状态。他们跟跟踉踉走在上面，刚至半山腰脚下一滑，他的身体瞬间失去平衡，整个人摔在斜坡上往下滑，幸好有同行的护林员手疾眼快拉住了他，才化险为夷。回忆起这次经历，他仍心有余悸。"作为护林员，就是要多跑路、多吃苦，遇到危险也不能怕，注意安全是第一位的。"他说道。

5年来，贾尼玛凭着爱岗敬业、艰苦奋斗的奉献精神，圆满地完成了各项护林工作任务，所管辖区域内从未发生过一起森林火灾，他本人也多次在林场履职尽责考核时被评定为优秀等次。日前，他还被中央宣传部、国家林业和草原局、财政部、国家乡村振兴局评为"最美生态护林员"。

他把最美好的青春献给了林区事业，在平凡的生态护林岗位上发挥了不平凡的作用，用坚守诠释了爱绿护绿担当。

《中国绿色时报》2021 年 4 月 27 日

最美生态护林员

高玉忠

ZUIMEI
SHENGTAI
HULINYUAN

高玉忠：不怕苦不怕累一直冲在护林防火最前线

护林防火、人人有责，这是护林人的铮铮誓言，也是他们工作、生活的写照，高玉忠就是护林人中的普通一员。

高玉忠，现年49岁，河北省阜平县天生桥镇龙王庙村人，2017年至今担任龙王庙村生态护林员小队长一职，责任区管护覆盖10个自然村。近几年来，他所管护的责任区没有发生过一起乱砍滥伐、森林火灾现象，更没有乱捕野生动物现象，有效地维护了责任区林业资源的正常发展。

他时时处处严格要求自己，发扬不怕苦、不怕累、艰苦奋斗、勇往直前的作风，以饱满的热情，投入到护林工作中，一干就是好几年。在刚走上生态护林员岗位的那段日子，由于缺乏林业专业知识，他在工作中走了不少弯路，但他却凭着坚定的信念和自己的勤奋好学，带头学习林业政策法规、基础知识和林业工作的基本规律，先后学习了森林法、森林防火条例等，并做好自学笔记，经常与同事们一起开展讨论，提高业务能力。对林区情况不熟，他就和同事

◆ 高玉忠上山了解林情

一起深入到群众家中，认真细致地调查了解山情、林情，坚持每天巡山查林，跑遍了辖区的每一个山头、每一道山沟、每一片林地，面积、地形地势等都熟记于心。

2018年天生桥镇红草河村发生火灾，知道消息后，龙王庙护林队在高玉忠带领下迅速赶到现场，立即开始扑救。高玉忠冒着生命危险一直冲在灭火的最前线，直至大火扑灭，维护了人民生命财产安全，得到了上级领导和群众的认可。

林区林草茂密，可燃物量大，火险等级高。为确保森林资源安全，他和同事们从宣传入手，通过书写、张贴标语，树立标牌，发放公约，走家串户等多种形式，对村民进行林业政策、野生动物保护和法律法规的宣传。每年的清明节、五一、十一等节假日，当地有上坟烧纸的习俗，极易引发森林火灾，高玉忠就带领护林员下村入户，深入林区写标语，宣传林业防火常识。每到森林防火期，他便在进山路口设立防火检查值班点昼夜值班，严格落实入山登记制度和各项防范措施。通过耐心细致的工作，广大村民逐步提高了爱林、护林、保护野生动物的意识，为护林工作奠定了坚实的群众基础。高玉忠多次获得天生桥镇护林防火工作嘉奖。

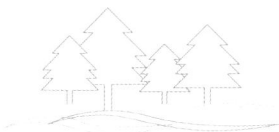

高玉忠："护林工作我打算到干不动为止"

◎ 王铁军　徐　新　杨得志

2021 年 3 月 30 日一大早，天还没完全放亮，高玉忠就已带着对讲机、镰刀铁锹、防火探测仪、军用水壶和装有方便面的挎包等上山，开始了一天的森林防火工作模式。

"就要到清明节了，要仔细检查每一片林子，省得有人偷着进林子烧纸。我一定把林子看好管好护好，不让它出一点问题。"高玉忠对记者说。

现年 50 岁的高玉忠，是河北省阜平县天生桥镇龙王庙村人，2018 年被聘为该村生态护林员，现为该村护林防火队队长。自担任生态护林员以来，他以生命保护森林安全，保证了龙王庙 1.2 万亩林地、50 多万株林木至今未发生过一次火情和砍伐事件，被中央宣传部、国家林业和草原局、财政部、国家乡村振兴局评为"最美生态护林员"。

从"爱管闲事的人"到专职护林员

高玉忠是土生土长的山里人，他从小的愿望就是每天能在林子里、在树下工作学习生活。每当他见到小松树被杂草遮住或被雨水冲倒，他总是毫不犹豫地回家拿镰刀和铁锹，割掉杂草、扶正树苗。无论走到哪里，只要看到有人破坏树木，他都会不由自主地去劝阻，村里的人都说他是爱管闲事的人。

2009年3月中旬的一天，他们邻村林子发生林火，一蹿几米高的火苗吓得村里人都不敢前去扑救，只有人数不多的防火队员在那里灭火。见到一棵棵林木被烧毁，高玉忠心疼不已，赶紧回家骑上刚买的三轮车，跑前忙后地帮着防火队向一线火场运送灭火物资和食品，过火的地面险些把他的三轮车轮胎给烤焦，他也几次险些被火烧伤。就这样，他愣是在灭火前线坚持了7天，直到火场没有一点火星才拖着疲惫不堪的身体回到家，家人看到浑身黢黑的他，差一点都没有认出来。为此，他的英勇事迹受到县、乡、村领导的表扬和当地村民的交口称赞。

2014—2016年，患有先天性残疾的妻子接连生了两场大病，住院花光了家里所有积蓄，还欠了亲戚家不少钱，原本不富裕的家庭一下成了贫困户。他一边照看妻子，一边在附近找活干。搬砖块、运水泥、拉沙子……没什么文化的他什么都干了一遍，没能挣多少钱，收入也不稳定，吃穿问题都没得到很好解决，更别说解决贫困问题了。2018年春节，村里要选聘生态护林员，责任心强、踏实肯干的他积极申请并当选，被任命为村防火队队长，负责管理全村所有林子和 16 名生态护林员。从此，他由一名"爱管闲事的人"转正成了专职护林员，有了稳定的工作和收入，妻子的病也日渐好转，日子逐渐好起来，他的护林护绿愿望也实现了。

"我们县近几年共选聘 2440 名生态护林员，这些生态护林员加入护林队伍，不但有效预防了森林火情的发生，还全部实现了生态脱贫。高玉忠只是一个代表，他们这些生态护林员都很尽责，干得也很出色，保障了全县森林资源的安全。"阜平县森林防火指挥部办公室工作人员王国明说。

足迹踏遍林区每个角落

阜平县天生桥镇地处太行山东麓，山高林密植被茂盛，森林覆盖率达 49.71%，国家 4A 级天生桥景区就坐落于此，山上树木多为上百年甚至三四百年以上的天然柏树油松，而高玉忠所负责的林区正好处于景区边缘重要位置，如果发生火情，后果不堪设想。

每天天不亮，高玉忠就上山沿着崎岖的小路巡护。同时，他还要检查其他 16 个生态护林员的防区防护情况，非常辛苦。每圈 8 公里多的山路他要走上 5 圈，防火重要时期甚至达到七八圈。巡护过程中，他还要不停地向村里和乡里报告巡山巡护情况，这样一天平均下来要走 50 多公里的路、报告 100 多次，两个月左右就穿破一双防火鞋。他中午和晚上基本都在山上吃，通常是走到哪里，饿了就吃点随身携带的干粮，在他眼里只有林子。

巡护林区不放过每一个角落。高玉忠所在村的坟场大都在树木长势旺盛的林地里，且当地人有上坟烧纸的习惯，这给森林防火带

◆ 高玉忠在巡山

来了很大安全隐患。他每天要特意在有600多个新坟和迁坟的地域多查看几遍，防止有人偷着上坟烧纸，特别是到了清明、春节等节假日，他更是一边在坟场挨个坟头查看，一边把偷着上山准备烧纸祭祀的村民劝返，顺带把他们藏在身上的打火机和纸钱没收。有的村民说他"死轴"不开窍，他却说："我不能拿大家生命财产开玩笑。"

"他干这工作很上心，一年不知道要在林子里转多少圈，好多陡坡都是爬上去的。他的衣服就没有一身是全新的，好多都是被树枝剐破和山石磨破的，他对每一棵树都有深厚的感情。"这些都被同村70岁的韩大爷记在心里。

敢用生命护林子周全

"高玉忠敢用命护林子，一年四季都是如此，特别是遇到夏季雷雨等恶劣天气，他都会去林子深处反复查看，直到发现没有险情才肯下山，我们都叫他高大胆。"同高玉忠一起参加防火工作的队员赵彦军说。

2019 年 7 月 15 日下午，龙王庙村遭遇了一场雷暴天气，村北沟半山腰的一棵油松被雷击中劈成两半，一半倾倒在高压线上冒出大量火花，还不时冒着青烟，这一幕正好被高玉忠看到，他一边拿着对讲机冒雨给村里乡里汇报寻求支援，一边不顾危险冒着雷雨向冒烟的地方冲去。他知道火花会引燃整个松树枝和树下的积叶，如果处置不及时，会引起森林火灾。在随后赶来的其他 16 名队员和乡里灭火队的支援下，大家迅速扑灭了即将燃起的林火，没有造成损失。他这种敢于拼命的精神，成为天生桥镇森林防火教育的一部活教材，成了村民学习的榜样。

2018 年国庆节的一天，他巡视到山脚下，发现附近村有两个 20 多岁的小青年开车想要硬闯进入林子游玩，他赶紧跑过去阻挡。高玉忠一下子拦到车前和他们对峙，最后两个小青年一看行不通，留下打火机驾车走了。还有一次，几个附近的村民抽着烟要进山，高玉忠让他们留下火种离开，那伙人便对他骂骂咧咧甚至使劲推搡他，就是这样他也没有后退一步，最后那几个人见实在闯不进去，留下打火机和烟气呼呼离开了。

为护绿防火不遗余力

"高玉忠担任村里防火队长的时间不长，却干得有声有色，他的妻子也非常支持他的工作，夫妻二人为了护好林子，付出了很多。"天生桥镇防火队队长任天说。

高玉忠的妻子由于身患疾病，加之连病两场，非常需要他在身边照顾。每次上山前，他都把饭菜提前给妻子准备好，到了防火关键期，不能及时回家，便嘱托邻居和亲朋好友照看，尽管这样，防火路上没有一天落下过他的身影。他的妻子也非常理解他、支持他，甚至在每年春节的几天时间里，主动上山帮高玉忠看管林子。

每到防火紧要期，他会带着几名队员挤时间深入村里，发放明白纸，张贴防火标语，悬挂宣传条幅，设置宣传牌，动员村民参与森林防火。他把痴呆傻聋哑、少年儿童、外来人口等人群作为防火重点对象，让队员一对一宣传教育，保证防火不落一人。2020 年，他自掏腰包购买了一辆电动三轮车，在上面安装了高音喇叭，进行流动宣传。此外，他还利用巡山时间，保护林子里的野生动植物，清除高压线下杂草杂树，修剪枝杈，补栽新绿。

"我只是做了我应该做的事，这成绩都是我们大伙一块干出来的。我从小在林子里长大，对林子有着很深的感情，不能让它出现一点差错。只有生态环境好了，家乡的天才会更蓝、山会更绿、水会更清。我非常喜欢这份工作，打算一直干下去，直到干不动为止。"高玉忠语气坚定地说。

《中国绿色时报》2021 年 4 月 21 日

最美生态护林员

海明贵

ZUIMEI
SHENGTAI
HULINYUAN

海明贵：守护绿水青山终身无悔

　　海明贵，回族，中共党员，现年57岁，小学文化程度，2017年被选聘为宁夏回族自治区固原市彭阳县白阳镇嶂岘村生态护林员。由于工作认真负责，敢于担当，无私奉献，工作出色，2018年被聘用为嶂岘村生态护林员队长。

　　海明贵一家4口人，父母都有残疾，本人及妻子在家务农。他自小在白阳镇嶂岘村宋家洼林区长大，对那里的一草一木有着浓厚的感情。2017年经本人申请，海明贵被聘为嶂岘村生态护林员。对于这个在家门口就业的"铁饭碗"，老海心里十分地感激："政府选聘我当生态护林员，本身就是对我一种莫大的信任，每年还给1万元管护费，既让我发挥了价值，又不耽误家里的农活，这个政策真的是太好了，一定要把这个岗位的工作做好。"他是这样说的，也是这样做的。从工作的第一天起，海明贵就把保护家乡生态环境作为自己应尽的责任，全身心投入到嶂岘村的护林防火事业中。作为一名党员，他时刻严格要求自己，身正为范，发挥模范带头作用，无怨无悔地完成本职工作。作为一名队长，他不仅要管护自己辖区的500余亩林地，还要管理其他护林员在岗情况。他几乎每天早上6点出门，除了巡逻自己负责的片区，还要去其他护林员的片区看看，多半时间两头都见不到太阳。他却像一个上满发条的时钟，满是皱纹的脸上永远洋溢着笑容。"拿着一点微薄的收入，骑着自己的摩托车，有可能 1 万元的收入一年基本跑完。彭阳的山更绿，天更蓝，树长得更旺，生态明显改变，正是因为有像海明贵这样尽心尽力的生态护林员做着无私的付出和贡献。"白阳镇林业站站长如此评价他。

3 年来，他走遍了崾岘村的每一户人家，上门宣传森林防火、封山禁牧政策；跑遍了宋家洼每个山头、每条小沟、每一处细小的隐患点。2017 年护林至今，他所在林区没有发生一起森林火灾，没有一起乱砍滥伐林木现象，更没有乱捕野生动物现象。一旦发现有人偷牧，他也比其他护林员更严厉一些。2018 年 6 月的一天，海明贵在巡山时，看到村里一位邻居家的孩子将羊赶进了林区。海明贵劝说无效，便拍下了照片，发在了微信工作群里。这一下，可惹恼了那位邻居。邻居对老海的儿子说："政府给你爸多大的官，管这么多的事。"老海对儿子说："政府聘我为生态护林员，我就要担

◆ 海明贵在林区巡护

159

起责任，封山禁牧，保护森林，人人有责，哪里有羊，我就要赶到现场，让放羊的人将羊赶回家，绝对不让放，不管是谁都不答应。"刚开始护林时很多乡亲不理解，海明贵不做过多解释，仍旧每天按时巡山。但他给儿子反复叮咛，"打铁先要自身硬，做儿子的一定要把自家养的牛羊看好，支持父亲的工作"。

让海明贵倍感欣慰的是，近两年，人们的思想意识不断提高，护林员的巡山压力也比以前小了一些。但进入防火期，又有了另一项非常重要的工作——防范火灾。白阳镇黑窑滩宋家洼林区离公墓近，每年春节和清明节，林区的防火形势十分严峻。2018年冬天，持续一个月没降一点儿雪，天气干冷，西北风卷着林区里的枯草落叶打着旋儿，吹到人脸上就像刀子划过似的。眼看着扫墓的人越来越多，为防止林区失火，海明贵带着几名护林员守在那里，有人扫墓，他们就远远地站在一边。一直守到晚上，扫墓的人全部离开，他们才拖着僵硬的腿脚返回。

一路风雨一路歌。海明贵3年来用他保护家乡森林生态资源的初心、强烈的事业心和责任感，将自己的汗水奉献给了宋家洼林区的绿色事业，在平凡的生态护林员管护工作岗位上，踏踏实实做事，取得了显著成绩，赢得了赞誉和肯定，多次受到宁夏广播电视台、《宁夏日报》等主流媒体的采访和追踪报道。

海明贵：用心守护一草一木

◎ 李 慧 宋 昇

　　每天清晨6时许，宁夏回族自治区彭阳县白阳镇崾岘村村民海明贵已经喂好牛，打理完家务，准备出发了。58岁的海明贵身着护林服，背上扩音喇叭，精神抖擞地骑着摩托车开始一天的林区巡护工作，同时监管其他护林员开展工作。

　　海明贵是崾岘村一名护林员，也是一名党员。由于担任过村干部，对村里情况很熟悉，2017年被选为生态护林员，加之责任心强，很快担

◆ 海明贵正在开展巡山工作

任护林队队长。林区巡护工作很辛苦，一壶水、一袋馍或者一包方便面就是海明贵每天的午餐。虽然辛苦，但他热爱这份工作，午休时，他常常一边吃着简易的餐食，一边放眼这片养育他的山峁，心中充满了爱和责任。

做事认真的海明贵时刻以一名党员的标准严格要求自己。去年疫情防控期间，他每天除了护林巡视之外，还坚持用扩音喇叭宣传疫情防控知识，因尽职守责，被评为"全区抗击新冠肺炎疫情优秀共产党员""疫情防控最美志愿者"。这些荣誉更加坚定了海明贵守好这片绿色家园的决心。

《固原日报》2021 年 6 月 4 日

最美生态护林员

黄永健

ZUIMEI
SHENGTAI
HULINYUAN

黄永健：带动老百姓一起富
才算活得更有意义

黄永健，现年 46 岁，重庆市城口县明中乡云燕村人，2017 年至今担任生态护林员。

"村委当时看我比较贫困，又经常出入山林去种药材，就到家来宣传护林员的政策，我立刻就写了申请。"明中乡贫困户黄永健回忆起做护林员的经历："我种药材从东边上去，回来时走另一条路，来回有近 10 公里山路，西边的林子顺路也就巡视了，种地巡山啥也不耽误。"近 1000 亩的管护林地，黄永健隔上几天就会走上一趟。

在当选护林员前，黄永健一家人靠勤勤恳恳种苞谷、洋芋以及中药材，农闲时打零工维持生计。苞谷、洋芋自食，中药材价格有波动，务工时有时无，收入不稳定，家庭人均年收入不到 3500 元，日子过得紧巴巴的。当选上生态护林员后，种地护林两不误，投入同样的时间精力，多了一份稳定收入，加之现在妻子又在乡中学、小学从事炊事工作，2020 年黄永健家庭收入达 5 万多元，5 口之家的生活有了保障。

◆ 黄永健（中）讲解核桃树种植技术

核桃作为明中乡脱贫致富的领军产业，该乡有核桃资源近2万亩，但由于缺乏管理技术，核桃产量并不高。黄永健明白核桃的丰产丰收跟老百姓的增收息息相关。他主动学习了核桃病虫害防治，每天的主要工作除了巡山护林，就是指导村里老百姓对退耕还林的核桃树进行病虫害监测、防治、修枝整形等。他在巡山之余，每年自发组织老百姓参加10余次的业务培训，把自己所学和实践经验毫无保留地宣传给大家，及时提醒群众进行病虫害防治、修枝整形，提高核桃产量、品质，增加农户收入，赢得群众一致好评。同村的贫困户杨安国对黄永健很佩服："多亏了老黄的指导和提醒，我以前给核桃树修枝整形都是镰刀伺候，对病虫害防治重视不高，导致核桃产量品质都不高。2020年在老黄的及时细心指导下，我及时开展核桃病虫害防治工作，核桃丰收了，实现了上万元的收入！"

黄永健说："一人富，不算富，要带动更多的老百姓一起富才算富，自己才活得更加有意义。"他带领村里面其他生态护林员一起守护山林，用实际行动将党和政府的富民政策植入老百姓心田，在脱贫攻坚路上实现了自己的人生价值。村里都夸奖他们，"不仅巡护森林树木，青山绿水，是护林员；还剪枝嫁接，学技传技，是技术员"。

黄永健："我就是这片山的父亲"

黄永健是重庆市城口县明中乡的一名生态护林员，从 2017 年受聘以来，他一直勤勤恳恳、尽心尽力地守护着管护的那片林地。除了日常巡山护林外，他还经常主动学习研究中药材、核桃产业的种植技术，不断把理论应用于实践，在自己的产业有了成效后，他还不忘帮助邻里乡亲，自发组织技术培训，主动指导村民如何培育培优中药材。在他的带动下，村民在脱贫致富的道路上收获满满。

转变观念，守护绿水青山

在没担任生态护林员以前，黄永健一家人就靠种玉米、土豆、中药材和打零工维持生计。玉米、土豆的收成只够一家人食用，不能获得利润收入，而中药材的价格每年都有波动，打零工时有时无，收入很不稳定，那时家庭人均年收入不到 3500 元，一家人日子过得紧巴巴，也从未主动思考过怎样脱贫致富，只想着靠山吃山，混着一天是一天，将就着过日子，存在着等、靠、要的懒惰思想。

2017 年明中乡云燕村招募生态护林员，黄永健的思想得到了彻底的转变。"村委当时看到我家境比较困难，又经常出入山林去种中药材，就到我家来宣传生态护林员的政策，我立刻就写了申请。"了解到了相关政策法规及保护生态的意义，他当天就到云燕村委办公室填写了申请。自担任生态护林员以后，黄永健便深感肩上责任重大，自此心中有了担当，脚下也沉积了力量。黄永健回忆起做护林员的经历："我种中药材从东边上去，回来时就往西边下来，来回有近 10 公里山路，整座山的林子就都巡视了一遍，种地巡山啥也不耽误。"在护林工作中，黄永健渐渐明白了守护绿水青山的重要性，体会到作为生态护林员是一份平凡而又光荣的职业，更加明确了责任，坚定了使命，思想从原来的等、靠、要，转变为主动求变、努力奋斗、脱贫致富。

主动学习，认真履职尽责

刚接触护林工作时，黄永健对林业方面的政策法规不是很了解，对自己的管护职责也不太清楚，他就经常主动到乡农业农村办公室，找工作人员咨询、指导，每次参加生态护林员培训会时，他都认真仔细地记录知识点。巡山时他会随身携带一个小本子，记录下地质灾害点的变化、存在的风险点等细节。近 1000 亩的管护林地，他几乎每天都会巡查一圈，遇到森林防火重点时期和汛期，一天会跑两三趟。

2020 年 7 月 15 日，明中乡遭遇持续 4 个小时大暴雨袭击，短时间累计降雨量达到 100 毫米以上，山洪暴发、泥石流急涌、山体塌方，导致境内交通全面中断，电力、通讯、饮水全面瘫痪，基础

◆ 黄永健巡山间隙

设施全面损毁，群众财产损失严重，成为全县"受灾最重、损失最大、恢复最难"的乡镇。黄永健家离河流较近，家中也受损严重，底层房屋被洪水冲走了一面墙，堆码的农作物全被洪水卷走了，家人看此光景满脸愁容，黄永健心里也不是滋味。他看到大多数村民都有不同程度受灾，在简单处理好自家的受灾房屋后，便立即号召就近青年们加入村委组织的群众自救行动，堵洪水、疏散受灾群众、除淤泥、帮助群众打扫房屋……他管护的山林也有轻微损毁，黄永健认真巡查山林，详细统计受损林木，向乡林业站汇报情况，并及时采取措施进行了补救，将山林损毁程度降到了最低。

明中乡生态环境优越，山林里时常会有野禽出没，一些农户便会上山布网设陷，捕猎这些野禽，黄永健每次遇到这些捕猎设备便会及时拆除掉，并做好相关记录。在一次巡山途中，黄永健偶然遇到一只不过半米长的小鹿，它看到人后便受惊逃窜，可刚想站起身便又瘫倒在地，发出轻微呻吟声，黄永健轻步靠近小鹿，才发现小鹿的脚有伤。在原地等候多时确认小鹿并无同伴后，黄永健轻轻抱起小鹿把它带回了家，向邻居家找来奶粉给小鹿喂奶，并给小鹿的脚伤做了包扎。小鹿像是把黄永健当作了亲人，竟亲昵地舔舔了黄永健抚摸它的手，村民看到正在给小鹿喂奶的黄永健调侃道："老黄，你巡山还带回一个'小儿子'呢！"黄永健说："是啊，我就是这片山的父亲。"说完大家都哈哈大笑起来。

除了防止村民捕猎，黄永健还时常巡山预防村民乱砍滥伐，每次他碰到村民上山乱砍树木便会立刻阻止，耐心地给他们讲解相关法律知识，并倡议村民共同监督，一同守护好家园。

发展产业，带领村民致富

担任生态护林员以后，黄永健把下地干活、采挖野生药材、巡山护林配合得相得益彰，生活之余增添了一笔稳定的收入。2020年，加上妻子做乡村学校炊事员的收入，黄永健家收入达到5万多元，5口之家的生活有了保障。

在明中乡，种植有2万多亩的核桃和产量有40万余斤的中药材，核桃和中药材也是全乡脱贫致富的领军产业，但由于缺乏管理技术，核桃产量并不高，中药材成色也参差不齐。黄永健抓准时机，主动学习研究中药材的种植和核桃病虫害的防治知识，把理论应用于实践，几年时间，就把自己的产业发展得越来越好，收入也逐年增加。此外，他还经常向村民传授自己的种植经验，自发组织老百姓参加10余次产业培训，他毫不吝啬地分享自己成功的经验，总是耐心地给村民讲解中药材种植以及核桃树病虫害监测、防治、修枝整形等方面的知识。在他的帮助下，村民们的产业越种越好，核桃、中药材的产量和品质提高了，农户的收入也增加了。

"多亏了老黄的指导和提醒，我以前给核桃树修枝整形都是镰刀伺候，对病虫害防治重视不高，导致核桃产量品质都不高。2020 年在老黄的及时细心指导下，我及时开展核桃病虫害防治工作，核桃丰收了，实现了上万元的收入。"同村的贫困户杨安国对黄永健很佩服。

黄永健常说："一人富，不算富，要带动更多的老百姓一起富才算富，自己才活得更加有意义。"他带领着村里面其他护林员一起守护山林，用实际行动将党和政府的富民政策植入老百姓心田，带领村民一起脱贫致富，在脱贫攻坚路上实现了自己的人生价值。村里人都夸黄永健不仅是守护绿水青山的护林员，还是学技传技的技术员，真正当得起"最美生态护林员"！

中国文明网 2021 年 7 月 28 日

最美生态护林员

蓝先华

蓝先华：大山最美的守护者

在苍郁的群山间，闪烁着一个绿色的身影。每天早晨，他骑上摩托车，向着山路轰鸣。顺着溪流冲出的沟壑，他徒步扎入大山深处，耳畔只余风声、水声、鸟啾虫鸣声。每当他带着满身的汗水回家，脱掉那件标志着身份的绿色马甲，已是夕阳在山，暮鸟归巢。

他就是生态护林员蓝先华，江西省遂川县五斗江乡庄坑口村的一名畲族小伙子。蓝先华不善言辞，眼神却笃定而沉毅。几亩薄田，一些搬砖、挑货、做零工的活计，曾是蓝先华全部收入的来源。两个孩子患有先天性心脏病，几乎要将他的家庭击垮。2014 年，蓝先华被村里列为建档立卡贫困户。

大山"活地图"

走出家门，抬眼便能望见四周的青山。蓝先华打小便在这山里成长，摘野果、饮山泉。"在这山里，我就是一张'活地图'。"对于大山，蓝先华充满骄傲。然而，这山，也确实成为他们一家贫穷的根源。没有铁路，没有高速公路，从家里到遂川县城，车程要一个半小时。连绵的群山，阻碍着罗霄山脉下人们追寻富裕的步伐。

蓝先华从来不敢想象，竟是这再熟悉不过的青翠山峦，让他终于摆脱了贫困户的帽子。2016年，一份面向建档立卡贫困户选聘生态护林员的通知发到了村里。蓝先华报名后，通过层层选拔，最终如愿当上了一名生态护林员，负责管护村里4300亩的森林。他的生活，从此与森林更加紧密地连在了一起。

一条长约9公里的羊肠小道，穿行在群山之间。山路两侧茂密的丛林，就是蓝先华需要每天巡护的山林。从家里出发，水泥路变成了砂石路，砂石路变成了泥巴路。他不得不停下摩托车，背起背包，拿上长柴刀，蹚溪越涧，向着青山腹地走去。

遂川县庄坑口村与井冈山市黄坳乡相邻，出门就是大山，森林资源十分丰富，林业是当地主导产业。他要提防任何对这片大山和山中的生灵图谋不轨者，他要制止侵占山林乱砍滥伐、私自采砂采石、盗猎野生动物、损毁古树名木的行为……

"若是有人在这山里盗伐了树木，那么留下的痕迹一定逃不过我的眼睛。"蓝先华锐利的双眼，扫视着莽莽山林。铺满落叶的山路上，他的步伐并不快，却持续不停。路段崎岖，颠簸不止，山路弯弯，多数羊肠小道只能步行，从早上9点到下午三四点，他每天要在山里巡查六七个小时，走上二三十里。线路上的最高峰，是与井冈山交界处的严岭嶂，海拔有1488米。

不论是烈日炎炎的盛夏，还是寒风刺骨的严冬，他从不间断，年巡护时间超过300天。身着绿马甲的他，是保护莽莽群山不受破坏的第一道屏障。

护林成效显

走遍了管护区域的山山水水、沟沟岔岔，对辖区内地形地貌、面积、树种、林龄分布等情况，蓝先华了如指掌。他在三溪组猫坑山场巡山中，发现了一片当地称为"海椤杉"的珍稀植物，面积有10多亩，他立即将这个发现报给林业部门。经过植物专家调查确认，这是遂川县第一处国家二级保护野生植物三尖杉分布群落，对研究野外珍稀植物分布有很高的价值。

五斗江大山里还栖息着丰富的野生动物，有赤麂、毛冠鹿、水鹿、黄腹角雉、白鹇、藏酋猴、棘胸蛙等。蓝先华说，现在生态变好了，野生动物很多，有些人就盯上这些，放夹、放网甚至拉电。他对这些行为深恶痛绝，只要发现有夹子一类捕猎工具，他一定要清除干净，并报林业部门。

每次外出巡山，蓝先华都要全副武装——头戴安全帽，身着迷彩服，脚穿解放鞋，背着一个

◆ 蓝先华全副武装开展巡山工作

军用挎包，里面有军用水壶、饼干、手电筒等，摩托车上载一把砍刀。他说："这既是方便开路，也是一种保护，想搞破坏的人一看我这模样，就知道护林员来了！"看得出来，生态护林员的工作和身份，让这位一直弯腰在贫困线上挣扎的畲族汉子挺起了胸膛。

拉起林工队

护林员的收入，是每年固定的 1 万元，并不算多。但随着国家对生态保护力度的加大，蓝先华在其中找到了更多创收的途径。遂川县龙泉林场五斗江分场就坐落在庄坑口村，通过和分场联系，他组建起一个以贫困户为主的团队，接下了对 2000 多亩林场进行造林抚育的工作。

这个 12 人的团队，已经固定运转了 4 年之久。平日里，他们对林场所植树木进行保护、艾杂。到了冬春季，则开展造林工作。每逢上工的日子，早晨 7 点半大伙儿便出发，分散在各个山头，工作 10 多个小时。下工回来，蓝先华还得骑上摩托车，在夜色中完成当天的巡山任务。

造防火线、炼山、挖坑、下肥、种苗、回填……每一道工序，都由蓝先华和同事们一锄一铲完成。2019 年，他们成功造林 267 亩。从林场拿到报酬后的蓝先华，给大伙儿算了个明白账：每位参与者每天的工资，是 147.8 元，他自己和大家拿一样的工钱。"大家信任我，才愿意同我干。本来钱也不多，如果我还在里面抽成，就对不起这份信任！"他憨厚地讲。

脱贫绿更浓

"前两年，乡政府还给我们发了黄桃种苗，我把家里的6亩荒山种满了黄桃，能收1300多斤！"坐在屋门口，蓝先华掰着指头算，脸上漾着笑意。"我在朋友圈打个广告，订单就一个接着一个。黄桃卖到五六元一斤，一亩的收益超过千元，光这一项就增收了六七千元！加上巡山的钱、造林的钱，去年我一共收入五六万元嘞！"

2016年，蓝先华家脱贫了，新房子也盖了起来。曾经使他贫困的大山，给了他最丰厚的回报。

5年来，在生态护林员这个平凡的岗位上，蓝先华始终兢兢业业，管护的4300亩林子没有发生过偷盗和破坏珍稀野生动植物案件，得到主管部门、乡政府、村委的信任和村民们的一致好评。

在遂川，正是有1106名像蓝先华一样的生态护林员尽心护佑着386万亩的青山绿水，全县的森林覆盖率稳步提升，从2015年的78.5%增长至2019年的79.07%。2020年，全县林下经济总面积16.36万亩，产值达5.8亿元，实现了"绿""利"双赢。

山风阵阵，山路弯弯。越来越多的绿色身影，浮现在遂川大地一望无际的林海当中……

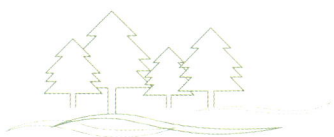

蓝先华："没有工资，
我也会继续护林！"

◎ 刘小虎　方院新　李书哲

在苍翠的群山间，闪烁着一个绿色身影。每天早晨，他总会骑上摩托车，向着山路进发，然后顺着溪流冲出的沟壑，徒步进入大山深处，耳畔只有风声、水声、鸟啾虫鸣声。每当带着满身汗水回到家，脱掉那件标志着身份的"绿马甲"，已是夕阳在山，暮鸟归巢。

他是生态护林员蓝先华，江西省遂川县五斗江乡庄坑口村的一名畲族汉子。5 年间，他管护的 4300 亩山林从未发生过任何偷盗和破坏珍稀野生动植物案件。曾经困囿于大山的阻隔与贫困，而今也终于守得青山、换来金山。

"不愧是大山的活地图"

"在这山里，我就是一张活地图。"蓝先华充满骄傲地说。然而，

179

大山也曾是他一家贫穷的根源。

种几亩薄田，做些搬砖、挑货的零活，曾是蓝先华全部收入来源。两个患有先天性心脏病的孩子由于抵抗力低，经常感冒、发烧，甚至引发肺炎，每月都会轮番或同时住院，为治病夫妻俩只能四处举债，根本不敢去想那手术治疗还需 10 多万元的费用。

"很崩溃，很无助，感觉对不起孩子，对不起老婆，他们都跟着我受苦……"每每忆起曾经的生活，蓝先华总是哽咽。

2014 年，蓝先华被村里列为建档立卡贫困户，并享受国家大病救助政策，两个孩子在南昌进行手术治疗后恢复健康。

2016 年，一份面向建档立卡贫困户选聘生态护林员的通知发到村里。蓝先华通过层层选拔，如愿当上了一名生态护林员，负责管护村里 4300 亩森林。

在群山之间，有一条长约 9 公里的羊肠小道，道路两侧的茂密丛林，就是蓝先华需要每天巡护的山林。从家里出发后，水泥路转到砂石路，砂石路转到泥巴路。他不得不停下摩托车，背起背包，拿上长柴刀，蹚溪越涧，向着青山腹地走去。

铺满落叶的山路崎岖难行，颠簸不已，大多数羊肠小道只能步行通过，远的要巡查 7 个多小时，走上 15 公里路。线路的最高峰是与井冈山交界处的严岭嶂，海拔高达 1488 米。

每天，他都在青山碧水间叩问着岁月年轮，严冬盛夏，从未间断，随身携带着统一配备的全县林长制平台 GPS 工作手机，记录着他在大山里的移动轨迹。

"不愧是大山的活地图！"2019 年 8 月，遂川县开展森林资源二类调查，蓝先华作为五斗江外业工组向导之一，协助调查大湾里片区 4 个县级样地。其中一处叫大窝里的偏远样地，因历史记录有误差，且地势复杂、林相变化大，一名曾在 10 年前参与调查的本村向导，带着工组队员在山里连续找了整整两天，无功而返。工组随后请蓝先华带路，才顺利找到样地，森调队员对蓝先华佩服不已。

巡山途中的新发现

庄坑口村与井冈山市黄坳乡相邻，森林资源丰富。走遍了管护区域的山山水水、沟沟岔岔，对辖区内地形地貌、面积、树种、林龄分布情况等，蓝先华了如指掌。

"我喜欢大山，看到这些树不断生长，就像看自家孩子一样。若是有人盗伐了树木，留下的痕迹一定逃不过我的眼睛。"蓝先华锐利的双眼，扫视着莽莽山林。

每次外出巡山，蓝先华都要全副武装——头戴安全帽，身着迷彩服，脚穿解放鞋，背着一个军用挎包，里面装着军用水壶、饼干、手电筒等物品，摩托车上载一把柴刀，既方便开路，也是一种保护。

"蓝先华不光巡山认真负责，还很善于观察。在巡山中，他发现了一处 10 多亩的篦子三尖杉分布群落，对研究野外珍稀植物分布有很高的价值。"遂川县林业局局长肖瑞培说，"经植物专家调查确认，这是遂川县发现的第一处国家二级保护植物篦子三尖杉分布群落，被列入《江西省珍稀植物图谱》中。"

生态护林员的工作和身份，让一直弯着腰在贫困线上挣扎的畲

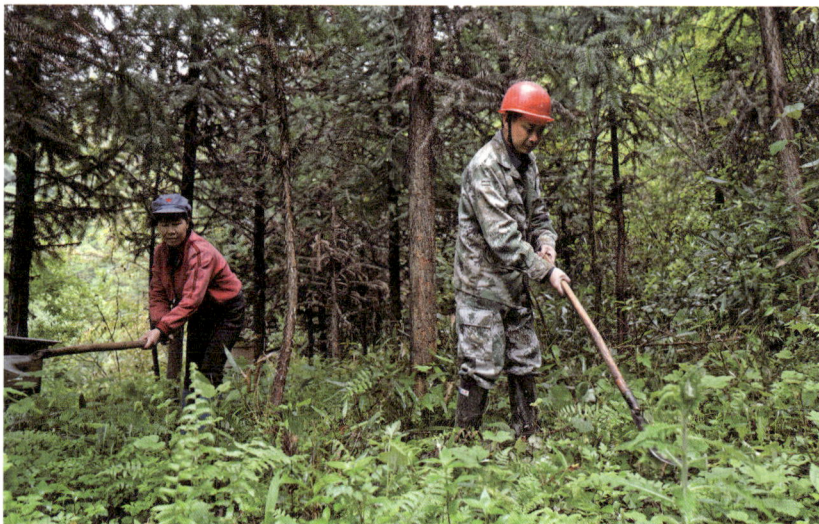

◆ 蓝先华和妻子在山林中抚育林木

族汉子挺起了胸膛，更感受到了责任重大。当地每年都要组织生态护林员开展森林法律法规、野生动植物资源保护、森林防火等培训，蓝先华明白了更多巡山护林的学问，也愿意与村民们分享，并获得了村民的尊重。2021 年 4 月，他被推选担任庄坑口村洞口组村民小组长，他还向村党组织递交了入党申请书。

平日里，妻子李龙梅要照料孩子和高龄的奶奶，但如果蓝先华有事外出，她就会接替他到山里巡查，确保巡山不会间断。她说："这份工作是国家给的，我们要对得住这份工资，不能让坏人钻了空子，毁了林子。"

建立林工队带大家脱贫

生态护林员的收入，是每年固定的 1 万元。随着国家对生态保护力度加大，蓝先华找到了更多创收途径。龙泉林场五斗江分场有个工区坐落在庄坑口村，2017 年，通过和分场联系，他建立了一支以贫困户为主的 10 人左右的队伍，接下了林场造林抚育的工作。

平日里，林工队对林场所植树木进行保护、芟杂，冬春季则开展造林。上工时，大伙儿分散到各个山头，每天工作逾 10 个小时。下工回来，蓝先华还得在夜色中完成当天巡山任务。

造防火线、炼山、挖坑、下肥、种苗、回填……每道工序都要靠一锄一铲完成。因为蓝先华的林工队干活实在，造林抚育质量高，不仅国有林场找他，个体林场老板也喜欢找他。

"说起造林抚育，周边林场都知道我们，今年多数时间的活计已早早安排好了！"蓝先华自豪地说。

从初时四处找活，到现在业务不断。蓝先华的工时本上，每人的上工时间、请假原因、工资分摊明细，均有详细记录，并附有每个项目的承包合同，细致清晰明了。林工队大部分人不识字，年终结算他还要一一念读解说，让大家都能明白。

2020 年，林工队总工资 30 余万元，队员月平均工资 147.8 元，人均年收入 2 万余元，干得多的人一年能有 3 万多元，充分实现了高质量脱贫。而他自己，不仅义务当"工头"，还要护林、联络业务，在队里的个人工资反而是最少的。

绿海溯人生

大山是无私的，只有深爱和守护它的人，才能得到丰厚的回馈。

曾经举债度日，如今在政策惠顾下，蓝先华通过参与生态护林、承接造林抚育项目，顺利脱贫，盖起新房，还成为远近闻名的林工队长。2020年，尽管受到新冠肺炎疫情的影响，蓝先华全家年收入还是实现增长，突破了7万元。

从苦日子里蹚出来，深知生活不易。年逾花甲的邹家明，曾是庄坑口村住得最偏远的一户贫困户，虽符合扶贫搬迁政策，还能补贴4万元，但加上土地、建房和装修却还差一大截，也缺乏安置用地。乡村干部找到蓝先华帮忙，他不仅无偿让出80平方米的土地给老人作宅基地，连施工、建材、装修等也一块包揽了，还把自家的电接通给老人免费用了两年，直到老人单独安装了电表。

2021年春节前，蓝先华家里买了一辆小汽车，新装了空调，日子越过越有奔头。蓝先华有了新想法："还想试试在林子中种植药材，既能守着林子，又不会破坏生态，有了绿水青山，就有金山银山。"提及今后打算，他三句话不离本行。

"我真的非常喜欢大山！现在，护林不仅是我的工作，还是我最大的兴趣和爱好，如果几天没有上山，就感觉不舒服了，总想往山上跑跑、看看。"蓝先华说："在最困难的时候，是生态护林员这份工作撑起了生活的希望。现在这项收入也许不算多，但护林已经成为我的事业。即使没有工资，我也愿意继续护林！"说这些话时，这位勤奋、坚强的大山汉子眼含热泪。

2021年，蓝先华被中央宣传部、国家林业和草原局、财政部、国家乡村振兴局联合授予"最美生态护林员"荣誉称号。

在遂川，像蓝先华这样的生态护林员有1106名，还有200名天保林、公益林护林员，以及210名国有林护林员。他们尽心护佑着386万亩山林，用脚步丈量大山，用双手植绿护林，筑牢了林长制森林管护网络，遂川县森林覆盖率稳步提升，从 2015 年的 78.5% 增长至现在的 79.07%。2020 年，全县林下经济总面积 16.36 万亩，产值逾 6 亿元，实现了"林""人"共富，"绿""利"双赢。

《中国绿色时报》2021 年 5 月 27 日

最美生态护林员

曾玉梅

ZUIMEI
SHENGTAI
HULINYUAN

曾玉梅：每天徒步 40 多公里巡护风雨无阻

　　曾玉梅，汉族，现年 46 周岁，黑龙江青冈人，家住有利村耿家屯，家中 4 口人。由于家庭经济困难，2013 年申请列入建档立卡贫困户，2018 年被选聘为有利村生态护林员。3 年来，她凭着朴实执着的顽强性格、高度负责的敬业精神，舍小家为大家，坚守岗位、无怨无悔，放下两个正在上学需要照顾的孩子，每天徒步 40 多公里，穿行于 820 亩林地之间，心甘情愿、风雨无阻。任职以来，责任区内未发生滥伐盗伐，乱挖野生植物，非法取土、开垦，乱捕滥猎野生动物等破坏森林资源现象。

　　不择其境，坚韧不拔。上任伊始，曾玉梅由于缺乏林木管护专业知识，加上对林地情况不熟悉，工作中走了不少弯路，对工作信心也造成了极大的打击。但她却凭着坚定执着的信念和勤奋好学的态度，深入群众家中，详细调查了解林情和社情，坚持每天巡林，跑遍了所负责林地的一角一落，对每个林班、每个小班的位置、面积、林木种类等都熟记于心，利用空暇时间，认真学习林业政策法规、护林基

188

础知识和林业工作的
基本规律，很快就成
了护林行业的"行家
里手"。

坚定信念，尽职
尽责。曾玉梅总说：
"我能有现在的好生
活，要感谢党、感谢
政府，我要把这份工
作干好，干出个样
来，来报答党。"凭
着这份信念，她多次
"得罪"了村民，"打

◆ 曾玉梅在林区巡逻

扰"了百姓。有一次，村民将羊偷偷赶往林地放牧，啃食了部分林
木幼苗，被正在巡护的曾玉梅发现，村民好说歹说要求私了，但她
却毫不动摇地将羊群赶往村委会，村里做了严肃处理，并对该村民
进行说服教育。每年的春节、元宵节、清明节，农村都有上坟烧纸
放炮的习俗，极易引发森林火灾。每逢节日的前几天她就挨家挨户，
宣传林业防火常识、林业法规，一遍又一遍地"打扰"村民。防火
紧要时期，她全天蹲守在重点部位，确保责任区内不发生火灾事件。

无怨无悔，无私奉献。为确保森林资源安全，她从宣传入手，
通过张贴标语、树立标牌、发放公约、走家串户等多种形式，对村
民进行林业政策和法律法规及森林病虫害防治知识宣传，通过耐心
细致的工作，使广大村民逐步提高了爱林、护林和保护生态环境的

意识，在该村中形成了保护森林资源、严禁破坏、护林防火、警钟长鸣的浓厚氛围，为护林工作的顺利开展奠定了坚实的群众基础。

近几年，随着封山育林项目的实施，林草茂密，可燃物量大，火险等级高。每到森林防火期，她认真贯彻预防为主、积极消灭的森林防火方针，严格落实各项制度和防范措施，确保了辖区林木安全。她还协助县局稽查队、森林公安对责任区内的非法开采进行了打击，使责任区的林业资源得到了有效的保护。

曾玉梅：绿了林子　红了日子

◎ 杨雪楠

近日，全国"最美生态护林员"发布仪式在北京举行，黑龙江省青冈县民政镇有利村护林员、现年46岁的曾玉梅是获奖者之一，也是20位获奖者中唯一的龙江面孔。

她是500亩有林地的"眼睛"

身为生态护林员，曾玉梅管护着500亩有林地的一草一木。巡林护林，及时发现和制止非法取土、开垦、乱捕滥猎野生动物、滥伐盗伐树木等破坏森林资源的行为，都是她的工作。

"护林员是'用脚量地'，想要做好护林工作，就要脚踩泥土、鞋挂露珠。"时任青冈县民政镇林业站站长周波这样解释生态护林员的工作。周波介绍，生态护林员需要对自己管护的林区情况非常熟悉，需要常常深入到村民家中，认真细致地调查了解林情，还需要坚持每天巡林。

多年来，曾玉梅总是迎着清晨的第一缕阳光开始工作，每天巡视 10 公里林地，一年四季风雨无阻。夏天，雨后的林地一片泥泞，自行车骑不进去，曾玉梅只能穿着不透气的橡胶靴一路前行。一天的巡林工作结束后，她的双脚总是被汗水泡得发白、发皱。冬天，她则要顶着大雪巡查，在雪地里徒步行走没多久，脸就被冻得通红，睫毛和眉毛也挂上厚厚的白霜，一天下来棉鞋里面全是雪，袜子更是被雪水一遍遍浸透。曾玉梅就这样跑遍了辖区的每一道山沟、每一片林地，对每个林班、每个小班的地理位置、面积以及林木种类等都熟记于心。她好像林地的"眼睛"，在自己的管护范围内，哪里有破坏森林资源的现象，哪里就有曾玉梅的身影。

有一次，村民将羊偷偷赶往封育区放牧，被正在该区巡护的曾玉梅发现，村民为了私了费尽口舌，她却坚持"秉公执法"，将羊群赶往村委会上报处理，并对该村民进行了批评教育。

每年清明时节，农村都有上坟烧纸的习俗，在春季防火期，这样做极易引发森林火灾。每到春防期，曾玉梅巡林时都要带上一把除草的四齿钉耙，看到有火星落在干草上，第一时间用钉耙打出隔离带。她说，"别小看这个钉耙，每年都要扑灭七八团小火苗"。

生态护林员不但要巡视森林，也肩负着村屯绿化美化的责任。一些村民为图方便，将生活垃圾、畜禽粪污随意堆积在村里，一度屡禁不止。曾玉梅推着小车默默地将垃圾转运到指定倾倒地点。看着她推车的身影日复一日地出现，村民们也逐渐有了维持村屯良好环境的意识。

管好林地　也带火了日子

林地越来越绿，曾玉梅一家的日子也越过越红火。

曾玉梅曾经是有利村的建档立卡贫困户。丈夫在外地打工，她独自一人照顾两个上学的儿子、伺候瘫痪在床的婆婆10余年。1个人赚钱，5张嘴吃饭，口袋总是鼓不起来，一家三代人常年挤在三间土房里生活。婆婆去世后，两个孩子也长大了，时间充裕起来的曾玉梅一直盘算着给自己找点事儿干，直到看见了村里招护林员的通知。"当时看到这个通知就觉得，护林这个工作有意义，我就主动申请，成为一名生态护林员。"曾玉梅说。

◆ 曾玉梅在"最美生态护林员"颁奖仪式现场

如今，曾玉梅用自己的辛勤和汗水换来了家里的三间砖房，一家四口有了一个宽敞明亮的家。生活有了奔头，曾玉梅巡林更起劲儿了。

据介绍，2016年以来，黑龙江省林业和草原局在45个县（市、区）实施了生态护林员扶贫项目，带动项目区超过18128户、48539名贫困人口实现脱贫增收。

巡林巡出了村里的"树医生"

刚走上工作岗位时，由于缺乏林业专业知识，曾玉梅在工作中走了不少弯路。

　　曾玉梅讲述了一件刚成为护林员时遇到的尴尬事儿。"刚当上护林员不久，村里新栽种的树苗因为天气冷，掉了很多叶子，村民不干了，说是树苗有问题。后来了解了林业知识才知道，低温环境栽种树苗容易出现落叶的情况，并不是树苗的问题，只要气温回升，新叶子很快就会长出来。"

　　有了这次经验，曾玉梅开始用心钻研，逐渐掌握了林业政策法规、树木养护、森林防火的基础知识，成了村里的"树医生"。根据巡林积累的知识和经验，她可以及时判断村里的树木是否得了虫害或病害，提醒村民防治。

　　"如今，青冈县民政镇已有 14 个自然屯的绿化水平达到市级标准。青冈县的村屯绿化成活率每年都在提升。"周波介绍道。

　　"我最喜欢春天，因为每次巡林时都会看到树木冒出绿芽，看起来没够，看见就高兴。"一提起自己巡护的森林，曾玉梅就充满了成就感。正是无数像曾玉梅一样常年跋涉于山野间、穿梭在密林中默默奉献的护林员，为保护森林资源、守护生态安全提供助力，组成了黑龙江省项目区内 65 万公顷森林、草原等生态资源的又一道防护线。近年来，黑龙江省森林草原火灾的发生率明显减少，林业草原有害生物得到及时发现和防治，乱砍滥伐、乱挖滥采、乱征滥占、乱捕滥猎野生动物等破坏森林资源的行为得到有效遏制。

人民网—黑龙江频道 2021 年 3 月 31 日

最美生态护林员

谭周林

ZUIMEI
SHENGTAI
HULINYUAN

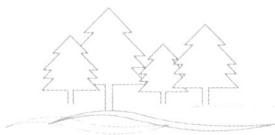

谭周林：绿水青山的守护者

谭周林，汉族，现年 46 岁，是广西壮族自治区龙胜各族自治县三门镇大地村的生态护林员。谭周林家上有 92 岁的奶奶，下有刚满 12 岁的小女儿，全家 5 口人的生活负担重重地压在他的肩上。

2015 年脱贫攻坚战打响，谭周林被认定为建档立卡贫困户。乘着脱贫政策的春风，谭周林在当地党委政府的帮扶和自身的奋斗之下，于 2016 年光荣脱贫。脱贫后，他依然得到扶贫政策支持，在家乡当起了生态护林员。2021 年是他受聘担任护林员的第三年，是全县 3000 多名护林员中"资历"最老的一名，他每年仅因生态护林员政策就能稳定增收 1 万元左右。

自担任护林员工作以来，谭周林便把巡山护林作为自己的事业，誓与青山绿水为伴，全身心投入大地村护绿植绿和生态保护事业之中。他负责的林场森林片区共 385 亩，是全村管护亩数最大的片区。

大地村毗邻拥有"中国的花坪　世界的银杉"之称的花坪国家级自然保护区，这里保护动物和保护树木品种繁多，要兼顾森林防火检查和野生动物保护工作就得走遍山林，不能有半点松懈和麻痹大意。因此，谭周林每次去巡山都必须"全副武装"：背上刀篓、装上一把镰刀、肩挎水壶，和几个护林员一起，骑着摩托车进山林。有时山上没有路，就不得不随身带着镰刀自己"开路"，一次巡山下来，路上都得花掉三四个小时的时间。

有一次去巡山途中，谭周林碰巧看到一个村民提着油锯正往森林里走，多年护林员的经验告诉他事情不妙，便赶紧冲上前去询问村民前往森林的目的。原来，这位村民准备到自家山林砍两棵树用于自家装修，认为砍伐的数量少，不用上报林业部门。谭周林便向他解释道，无论数量多少，砍伐树木都必须向林业部门申请林木采伐许可证。在谭周林的一番解释和劝阻后，村民表示幸好遇到了他，否则无意的违法将造成严重后果。

在那之后，谭周林便想，光靠生态护林员的队伍去巡山还不够，必须要提高村民的生态保护意识，家乡的生态才能得到真正的保护。于是，谭周林走到哪里都把环境保护知识挂在嘴边。他所在的村民小组共 20 多户，他把家家户户都走了个遍；每逢村上摆酒宴，他也不忘跟村民们聊生态保护。后来，有人想砍伐树木或是种植树苗都来找他询问，他成了村上的"政策通"。

2020 年年初，一场突如其来的新冠肺炎疫情打破了不少人的团圆梦。作为生态护林员，谭周林毅然决然加入防疫队伍当中，每天 24 小时轮班值守在村口，为来

◆ 谭周林在巡山

往行人测量体温、对车辆进行登记，确保疫情有效控制。除了在检查点值守的工作外，谭周林还经常到市场巡视有无贩卖野生动物的行为，光来回在森林、检查点、市场 3 个工作点之间的时间就比平时多了 1 倍多。谭周林说，这点辛苦算不了什么，国家给予了我们这么多的扶贫政策，现在国家需要我们，我们一定不能忘恩，一定坚持到疫情彻底战胜才撤离。

现在，谭周林一边认真履行着生态护林员的职责，一边还利用自己的生态保护知识发展林下经济，种植了 2 亩钩藤和 2 亩茶腊，进一步提高了家庭收入。他说，每天在山里走，身体更结实了，即使以后不当生态护林员了，我也想走到 70 岁，一直守护这片"绿水青山"。

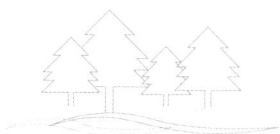

谭周林：守好青山　建好家园

◎ 袁　琳　蒋林林　谌礼兵

2020 年 9 月，国家林业和草原局从全国几十万名生态护林员中评选出 22 名"最美护林员"，广西壮族自治区龙胜各族自治县生态护林员谭周林是广西唯一上榜者。

脱颖而出成为"最美护林员"，瑶族好汉谭周林究竟有怎样的魅力？

爱山爱家　讲德讲孝

45 岁的瑶族汉子谭周林家住海拔 600 多米的三门镇大地村八海山瑶寨，从龙胜县城出发，要颠簸约 5 个小时山路。

谭周林一家 5 口，除妻子蒙治香和 2 个女儿外，还有 92 岁的奶奶同住。为了更好地照顾奶奶，也是他坚守大山的重要原因之一。

中专毕业后，谭周林被安排在矿区管理水电工作，后又在乡镇担任 6 年教师。2015 年，爷爷过世后，奶奶日渐衰老。谭周林夫妇把奶奶接来同住，照顾日常起居。加之大女儿正上中学，小女儿刚上小学，妻子一人在家忙不过来。于是，谭周林回到了生养自己的瑶寨。

谭周林深爱大山，但守着大山，基本没有经济来源，全家5口的生活重担，压在了夫妻二人肩头。2015年，谭周林一家被认定为建档立卡贫困户。

2016年，广西壮族自治区林业部门贯彻落实中央"生态补偿脱贫一批"工作部署，利用中央拨付的财政补助资金，结合天然林保护工程、退耕还林工程和生态公益林补偿的实施，组织开展建档立卡贫困户生态护林员选聘工作。

同年12月，谭周林被选聘为生态护林员，每年稳定增收约1万元，大大缓解了家庭经济压力。谭周林非常珍惜生态护林员工作，这让他既能守护热爱的大山，又能孝敬年迈的奶奶，还能陪伴妻儿。在他看来，这是一份爱山爱家、讲德讲孝的好工作。

真心暖心　逢险化险

谭周林守护着1200多亩山林，每周巡逻三次，每次走4个小时山路。他说，从小在山里长大，爬山倒不觉得难，最难的是让乡亲们共同保护大山。

2017年3月，谭周林巡山时遇到同寨子的老彭正在砍树，于是询问有没有到林业部门审批办理相关手续。老彭顿生敌意，质问他："我砍自己山里的树，关你什么事？"谭周林好心向他解释，按照相关规定，无证砍伐会罚款的。老彭一听不耐烦了，破口大骂："砍自家的树还要罚款？"虽然彭家后来补办了相关手续，避免了罚款，但彭谭两家自此产生隔阂，遇到婚嫁丧娶大事，再也不相往来。谭周林觉得自己没做错，也不后悔。

经过此事后，谭周林认识到了普及森林法律法规，增强乡亲们生态保护意识的重要性。每逢寨子有酒席、会议，他用通俗易懂的语言和事例，向乡亲们宣传森林保护知识。同时，经常用微信把一些案例、新闻、法规知识推送到同乡群、同村群、同寨群。真心捂暖人心，乡亲们逐渐转变观念，从开始的内心抵触、漠不关心，变成纷纷点赞。

有一次，谭周林巡山时，看到同寨子的雷老爹清理地边杂草，准备点火烧草，他赶忙跑去制止。他劝说："您老人家烧地边没修'火路'，又没有年轻人帮忙打火，万一引发山火，烧山是要坐牢的。"况且 70 多岁的老人，火烧起来跑不动，还有生命危险。雷老爹家人后来听说此事，多次向谭周林当面致谢。凭着对护林工作的认真负责，谭周林渐渐赢得乡亲们的信任和尊重。

巡山工作不但辛苦，还经常遇到意想不到的危险。幸好谭周林从小在瑶山长

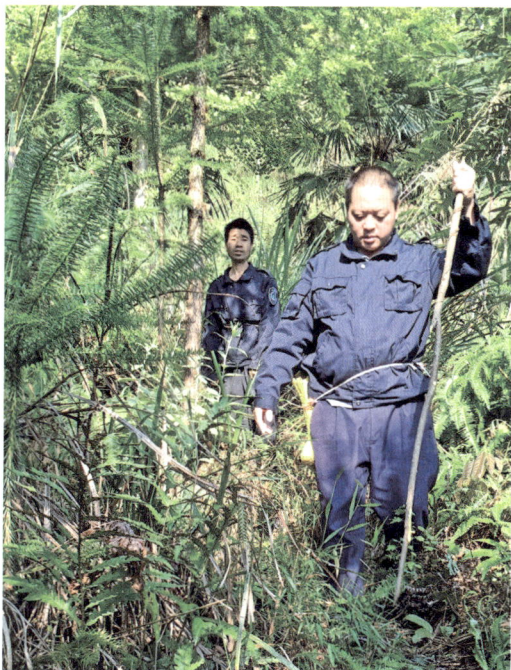

◆ 谭周林（前）手持"惊蛇棍"为巡山开路

大，培养了较强野外应急能力，多次化险为夷。

谭周林每次巡山时，手里少不了一根"惊蛇棍"，时时敲打身边草木，赶走蛇类和小兽。然而，2019年7月，一次巡山走到有家盖（地名）时，他准备爬上一个坡度较陡的高峁，双手抓着树木攀爬，腾不出手来打草惊蛇。当爬到半坡约6米高时，右手刚抓住一把灌木树枝，突然发现树下藏着一条五步蛇，估计超过3.5公斤重，距离不足一尺。谭周林顿时吓得汗毛竖了起来，双手条件反射式地松开了树枝。幸好，他及时抓住了下面的树枝，避开了毒蛇，也没有滚下陡坡。

说起那次遭遇，谭周林至今后怕。此后，他严格遵照相关规定，再不独自巡山，但常在山里行走，谭周林遭受的"小罪"也不少。

好几次穿过茂密的林子，注意力集中在地面，却没留意到"空袭"。树上的"火辣子"（一种有毒的毛毛虫）从空中垂了一条丝线吊下来，悄无声息地爬到他的脖颈、后背上，瞬间鼓起连片拇指般大的疙瘩，又辣又痒又疼。最麻烦的是，火辣子蜇伤目前没有解药，少不了要受大半天的"活罪"。

有了谭周林这样的榜样，三门镇的生态护林员们工作认真负责，森林资源得到越来越好的保护。三门镇林业站站长潘蒋说，2018年，该镇全年森林督查疑似变化遥感图斑点80多个，发生涉林刑事、行政案件20起。而2020年，没有发现森林督查疑似变化遥感图斑点，没有发生涉林刑事案件。

"最美"荣誉　夫妻共享

从一名普通瑶族农民，成为全国"最美护林员"，谭周林说，全靠党和政府及林业部门的帮扶和培养。

当地党委、政府和林业部门每年举办生态护林员业务技能培训超过 8 次,谭周林次次参加,学会了很多森林法律法规、群众工作方法、山区作业技能。

有首歌词唱道:"军功章啊,有我的一半,也有你的一半……"谭周林说,全国"最美护林员"荣誉同样有妻子蒙治香的一半。

几年来,蒙治香照顾好奶奶、孩子,打理好家务、田地,全力支持丈夫的工作。2020 年 8 月中旬的一天,夫妻俩上午抢收稻谷,中午 12 点回到家,谭周林吃完饭便赶去巡山。蒙治香则独自摊晾稻谷,无半句怨言。

有几次,谭周林巡山淋了雨,回到家中发烧,躺在床上动弹不得。蒙治香就骑摩托车跑 15 公里山路,上山下山为丈夫抓药,还代替丈夫巡山。

自上次遇蛇之后,谭周林每次巡山都结伴而行。如果其他护林员不走同一条路线时,妻子会自告奋勇陪同。

2018 年 7 月,谭周林夫妇巡山经过一片芒草坡,谭周林走在前面,顺势滑下山坡,不小心撞破了一窝地蜂巢穴。头、颈等许多部位被蜇肿了起来,全身发寒怕冷。幸亏妻子搀扶,及时送往医院救治。

《广西日报》2020 年 12 月 25 日

最美生态护林员

视频·链接

ZUIMEI
SHENGTAI
HULINYUAN

中央宣传部、国家林业和草原局等发布"最美生态护林员"先进事迹

为深入学习贯彻习近平生态文明思想和习近平总书记关于扶贫工作重要论述精神，大力弘扬绿水青山就是金山银山理念，生动讲好百万生态护林员保护生态、脱贫增收的感人故事和奉献精神，中央宣传部、国家林业和草原局、财政部、国家乡村振兴局近日发布了"最美生态护林员"的先进事迹。

王明海、朱生玉、多贡、孙绍兵、陈刚、陈力之、麦麦提·麦提图隼、汪咏生、李玉花、吴树养、岳定国、庞金龙、陶久林、贾尼玛、高玉忠、海明贵、黄永健、蓝先华、曾玉梅、谭周林等获评"最美生态护林员"的20名同志是打赢脱贫攻坚战中涌现出的先进典型，是习近平生态文明思想的坚定信仰者、忠实践行者和不懈奋斗者。他们积极响应国家号召，长期坚守在护林护草护沙工作一线，以山为家、以林为伴，吃苦耐劳、忠诚履职，献身祖国生态保护事业；他们在脱贫攻坚一线扛重活、打硬仗，在平凡的岗位上作出了不平凡的业绩，走出了一条生态补偿扶贫的新路子，实现了生态保护和脱贫增收双赢。

发布仪式现场采用视频展示、人物访谈等形式，从不同侧面讲述了他们的先进事迹和工作生活感悟。中央宣传部、国家林业和草原局、财政部、国家乡村振兴局有关负责同志为他们颁发了"最美生态护林员"证书。

新华社北京 2021 年 4 月 1 日电

《闪亮的名字——最美生态护林员发布仪式》，中央广播电视总台，2021 年 4 月 1 日